物叢書

新装版

島津重豪

しまづしげひで

芳 即 正

日本歴史学会編集

吉川弘文館

島 津 重 豪 像

（島津忠承氏蔵）

重 豪 幼 少 時 の 絵

（鹿児島県立図書館蔵）

重　豪　の　墓（鹿児島市福昌寺墓地）

重豪筆ローマ字　（君が代）
（尚古集成館蔵）

はしがき

十数年前島津重豪について一文を依頼されて関係文献を渉猟した時、彼についてのまとまった伝記は一つもないということを知った。幕末の名君といわれる島津斉彬に与えた重豪の感化が大きいこと、調所広郷による有名な薩藩天保財政改革の原因になった、藩債五百万両を生み出したそもそもの元凶が重豪だというような話、そういうことで重豪が語られることは多いが、彼自身の独立した業績を中心にまとめられたものはないということである。このことがわたしに重豪伝の必要を感じさせた。

薩摩藩が日本列島の西南端に位置することからくる辺境性と閉鎖性、それに中世的体質、これらの克服が外様大名重豪にとっては生涯の課題であった。それ故に重豪は藩内の制度・文物各面での整備充実をはかるとともに、幕府・徳川氏に対する薩藩・島津氏の立場を引上げることに努めた。幕末維新史上における薩摩藩の西南雄藩としての立場は、こういう前提の上に確立したものといえよう。その意味で重豪の治績は、単に薩摩藩にとってだけでなく、日本の歴史的展開に密接なかかわりをもつものといえよう。

初めての重豪伝ということから、できるだけ重豪の多彩な治績を忠実にたどり、その全容をまとめることに重点をおいた。そのため平板なものになってしまったが、そのうちで当初からわたしが大きな疑問としたことの一つは、普通重豪の行なったいろいろな開化政策といわゆる豪奢な生活が、遂には五百万両という巨額の藩債を生み出す原因になったといわれることであった。しかしいくら造士館をはじめとする種々の施設や各種の図書編纂事業をやり、あるいは蘭学趣味が強かったといっても、そういうことだけで全国稀に見る五百万両という、薩摩藩年間経費の何十年分にも相当するような、とてつもない巨額に達するということは、少しおかしいのではないかという疑問である。もちろん重豪にその責任なしとはいえまいが、本書においてその他の要因について、できるだけ明らかにしたつもりである。

本書の刊行については大久保利謙先生をはじめ日本歴史学会の方々にお世話になった。厚くお礼申上げたい。

また史料面で、鹿児島県維新史料編さん所や同県立図書館をはじめ、鹿児島大学図書館・

国立国会図書館・東洋大学教授沼田次郎氏・日本学士院事務長庄司三男氏・黄檗山文華殿林雪光氏その他の方々にたいへんお世話になった。一々列記することを省略した。御容赦願いたい。なお島津忠承氏には特に重豪画像の写真掲載をお許しいただいた。

以上の方々の御好意に対し深甚の謝意を表する次第である。

昭和五十五年十月二十六日　誕生日の朝

芳　即　正

目　次

はしがき
第一　幼年藩主の出現……一
一　誕　生……一
二　藩主就任……三
三　祖母竹姫（浄岸院）……一〇
四　結　婚……一四
第二　見聞をひろめる……一八
一　鳩巣学派……一八
二　書籍の購入……二三
三　京坂での見聞……二七

四　長崎に立寄る……三六
五　唐四ヵ寺・オランダ商館等を訪問……四九
六　鷹狩と散楽……五三
第三　開化をめざして……五九
一　身分秩序・言語容貌を正す……五九
二　諸士の行動を正す……六七
三　町家の繁栄をはかる……七三
第四　職制を整える……八三
第五　文化施設をつくる……八八
一　造士館・演武館……八八
二　文教政策への不満……九四
三　医学院と薬園……九八
四　明時館……一〇三

第六　各種図書の編纂刊行……一〇八
一『南山俗語考』……一〇八
二『島津国史』……一一五
三『成形図説』……一一九
四『質問本草』……一二八
五『琉客談記』……一三四
六『鳥名便覧』……一三六
第七　蘭学への傾倒……一三九
一　オランダ通詞の任用……一三九
二　オランダ商館長と親交……一四五
三　シーボルトとの会見……一五八
第八　高輪御殿……一六七
一　隠居後見……一六七

二　高輪に移る……一七一
第九　斉宣親政と近思録くずれ……一七七
一　『亀鶴問答』……一七七
二　財政の困難と重豪の対策……一七九
三　近思録党の進出……一八二
四　近思録党の改革……一八五
五　重豪激怒、樺山・秩父を罷免……一八九
六　近思録党処罰……一九三
第十　再び藩政後見……一九八
一　意欲満々……一九八
二　中国貿易の拡大をはかる……二〇三
第十一　斉興親政と藩債の急増……二〇七
一　藩債五倍増……二〇七

二　新納時升の証言……二一一
三　新納の提案……二二〇
第十二　調所広郷の登用……二二八
一　調所を財政改革主任に……二二八
二　調所の改革……二三八
第十三　その死と恵まれた子女……二四五
一　天寿を全うする……二四五
二　子女繁栄……二五〇
第十四　偉大なる遺産……二五七
島津氏略系図……二六〇
略　年　譜……二六三
主要参考文献……二七一

口絵

島津重豪像……卷頭
重豪幼少時の絵……卷頭
重豪の墓……卷頭
重豪筆ローマ字（君が代）……卷頭

挿図

母都美の墓……三
崇福寺三門……五〇
薩摩兵児の図……六五
造士館……九〇・九一
医学院……九九
薩摩暦……一〇五
『南山俗語考』……一一〇
『成形図説』……一二一
『質問本草』……一二八・一二九
『鳥名便覧』序文……一三六

高輪薩摩藩邸所在図……一七一
『亀鶴問答』……一七八
島津斉興像……一九九
調所広郷木像……二一九
重豪朱印書……二三四・二三五
重豪神道碑……二五〇
島津斉彬像……二五八

第一　幼年藩主の出現

一　誕　生

加治木島津家に生れる

島津重豪は延享二年（一七四五）十一月七日、加治木島津家の当主重年の嫡男として、鹿児島城下の加治木島津家の屋敷で生れた。幼名を善次郎という。薩摩藩では、藩士を一門家・一所持・一所持格・寄合・寄合並・小番・新番・小姓与・与力等の階層に分けていたが、そのうち一門家は最高の家格で、加治木・重富・垂水・今和泉の四家があった。加治木島津家の始祖忠朗は、近世初頭の薩摩藩主家久の二男で、十九代光久の弟に当り、一門家の中でも筆頭格であった。享保十九年（一七三四）藩主継豊の次子重年（久門）が、加治木家三代久季の養子となってそのあとを継ぎ、そこに善次郎が生れたのである。

母の死

しかし善次郎誕生の喜びもつかの間であった。母都美（富・登美）が、善次郎を生んだその日に死去したからである。

『島津正統系図』や『近秘野草』などは、重豪誕生を六日とし、『重豪公年譜』は七日として、下に「御誕生日御在世中十一月六日ニ被二相替一」と注記している。重豪誕生日と母の命日との重複を避けようとしたのであろう。果して重豪死後の天保十年藩主斉興が建てた大信公神道碑や、玉里本『御家譜』（鹿児島大学所蔵）・『旧記雑録追録』（以下『追録』と略称）などは七日としているので、年譜の注記が正しいといえよう。

都美は同じ一門家の垂水島津貴儔の嫡女で、重年とは従姉弟同士であったが、十九歳の若さで他界した。加治木郷木田の長年寺に葬られた。母を知らない重豪の悲しみは深く、安永六年その三十三回忌に重豪が墓前に献じた表文に、「嗚呼不幸にして慈顔を識るに及ばず、既に以て終身の恨みを解くこと無し」と記している。したがって重豪は母の位牌を宝暦七年（一七五七）恵燈院（福昌寺支院）に、さらに明和五年（一七六八）島津家菩提寺福昌寺に移し、また自身たびたび墓参を行ない、さらに正忌日には毎年家老の代参を命じた。

二　藩主就任

重豪が五歳の寛延二年（一七四九）七月藩主宗信が死去し、嗣子がなかったので、弟の重年が加治木家を出て宗家を継ぐことになった。そのため善次郎は十二月四日、父重年のあ

加治木家を継ぐ

とをうけて加治木家を継ぎ、宝暦三年（一七五三）十二月十五日元服（中剃）して兵庫久方（ひさかた）と名を改めた。

木曾川治水工事

この年十二月藩は、幕府から木曾川治水工事の手伝いを命ぜられ、翌四年から五年にかけて、家老平田靱負（ゆきえ）正輔（まさすけ）を総奉行として、治水工事を行なった。鹿児島と江戸邸からの藩士を中心に、約一千名の者が参加したといわれるが、言語風習の異なる異郷の地での土木工事であり、中には多くの難工事を含み、いろいろ計画の齟齬（そご）や幕吏・地元民との意志の疎通を欠く点があり、監督の幕吏の強圧的な態度に対して、憤激やるかたなく割腹する者が続出して、その数五十余名に上り、また疫病の流行により三十余名の死者を出した。さらに所要経費も、初めせいぜい十四－五万両といわれていたが、結局は上方藩債二十二万両余を含めて総計四十万両余の巨額に達した。このような多くの犠牲者と予算超過の責任を負って、総奉行

母都美の墓
（加治木町，長年寺墓地）

平田自身、工事完成後の検分報告を終った上で、自刃してしまった。しかし二年がかりで行なったこの治水工事によって完成した堤防は、その後よく水害の発生を緩和して、以来二百数十年流域住民の生命を守っている。

父重年とともに出府

この工事の初期宝暦四年五月、藩主重年は鹿児島をたって参勤の途に上ったが、その時、子の兵庫久方を同道した。そして二人は途中治水工事の現場を視察した。すなわち七月四日大垣に宿泊した重年は、ここで総奉行平田の報告を受けたが、せっかくの工事が六月の洪水で流されたこと、工事中最初の犠牲者藩士永吉惣兵衛の割腹等についても報告されたと思われる。

翌五日は大垣から工事場を回り、江吉良（えきら）村（羽島市）で代官吉田久左衛門・美濃郡代（陣屋は笠松）青木次郎九郎ら幕府側役人の挨拶を受けたあと江戸に向った。十歳の兵庫久方も直接この工事を検分したのであるが、この時重年がわざわざ久方を同道したのは、久方を後嗣として幕府に届出ようと思ったからである。

病身の藩主が続く

かねて重年は疝癪（せんしゃく）の持病をもっていて、しかも後を継ぐべき子がないために、早く後嗣をきめておこうとした。島津家はこのころの数代病身の藩主が続いている。久方の曽祖父吉貴（よしたか）は、享保四年（一七一九）四十五歳の時江戸から帰国の途中病気になり、道中に四カ月以上もかかっている。翌五年三月の届によると、持病で眼がかすみ、去年の病気以来手がふるえ、書状書判が不自由になった。だから公儀御老中方へは書判をするが、それ以外は印判を用いることを許されたいと願って許されている。更に同六年痞（つかえ）がひどく、眼まいがたびたび起こるので、登城も困難であるとの理由で隠居し、継豊（つぐとよ）に藩主の地位を譲った。その上翌七年には、国元には温泉もあるので、そちらで入湯保養すればよくなるかもわからないからと帰国して、以来二十五年間出府せず、遂に鹿児島の磯（いそ）邸で延享四年（一七四七）に死んでいる。晩年の出府延期の願書では、歩行も十分できなくなったと記している（『追録』）。

あとを継いだ継豊も同じような症状で、たびたび強度の疝癪が起って眼まいがする。それをおして享保二十一年参勤出府したが、どうにも帰国ができないので、在府を許されたいとその翌元文二年に願い出て、以来十二年間帰国できなかった。途中元文五年（一七四〇）には、自分がずっと国元に帰れないので、国元での政務を老父吉貴にみてもらいたいと依頼している。病身で既に齢六十六歳の吉貴は、磯別邸に居たので、家老たちも軽微な政務はいちいちもっていかないようにした。こうして数年が過ぎたが、継豊の病気は回復の見込みがなく、吉貴も七十二歳の高齢になり、一方嫡子宗信（むねのぶ）が十九歳になったということで、延享三年（一七四六）に隠居した。そして吉貴同様国元で温泉治療したいと願って、寛延二年（一七四九）鹿児島に帰り、それ以来十一年間出府できないまま鹿児島で死んだ（『追録』）。

吉貴・継豊二代の隠居国元住い

大名の隠居は正妻同様江戸に居住する習わしであったが、島津家では吉貴・継豊二代にわたって隠居は国元住いを願わなければならなかった。しかも継豊は寛延二年帰国前に、手がふるえ書判ができないから、印判を用いることを許されたいと願い出ているが、吉貴と同じ症状だったようである。国元滞在を願い出るため多少の誇張はあったと思われるが、病気そのものは事実であったろう。

宗信も若く死ぬ

継豊のあとを継いだ宗信も、襲封三年目の寛延二年（一七四九）、膝が痛むので夏期の長途旅行は困難だからと、三月江戸をたって五月十八日鹿児島に帰り着いた。しかし途中で浮腫病に罹り、帰国後益々悪化して、遂に七月十日に二十二歳の若さで死んでしまった（『追録』）。

父重年

そのあとを継いだ重年(しげとし)であったので、重年は襲封以来早く後嗣をきめておこうと考えたのである。初めのうちは、加治木家を継いだ実子久方は幼弱で（宝暦元年七歳）あるため、久方を後嗣にすることはいささか躊躇され、宝暦元年重年の実弟島津久峯(ひさたか)（一所持の知覧領主、当年二十歳）を仮養子とした。しかし二年後の宝暦三年には久方（当時善次郎）も体が丈夫になったので仮養子に願い出て後嗣にすることにし、もし現在の夫人（於村）に男子が生れたら、それに代えたいという意向をもって、幕府に伺い承認を得ている。善次郎の母は前述の通り善次郎誕生の日に死去した。当時重年は加治木領主であったので、善次郎は大名の子ではないという事情が、仮養子願いとなったのである。この間の事情は次の幕府への届書に明らかである。

仮養子願

私儀去々年御暇(おいとま)下し置かれ候節、仮養子に弟島津杢（久峯）申上げ置き候。然れば私家督以前先妻に出生之男子島津善次郎と申、当酉（宝暦三年）九歳罷成(まかりなり)、家中一門並(いちもんなみ)に致し国許(くにもと)罷在(まかりあ)り候。去々年此者相願申し度(たき)内存に御座候得共、其節迄は虚弱之れあり見合わせ罷在り候処、頃日丈夫罷成候。因って茲に御暇下し置かれ候節、仮養子右善次郎相願申し度(たく)御座候。尤も妻に男子出生致し候者(わば)嫡子に仕るべく候。善次郎儀は其内仮養子

仕る所存に御座候。此段伺い奉り候。以上。（『追録』原漢文体）

こうして翌四年の参勤に久方（当時は改名）を同道したのである。重年は既にこのころ持病の疝癪が相当強く出ていたようで、この際正式に後嗣を決定しておきたいと考えたもののようである。

加治木家を出て宗家の後嗣となる

治水工事場の検分を終えた重年は、七月二十二日（異本、十八日）（宝暦四年）江戸に着いたが、即日久方は前年伺いの時に用いた旧名善次郎に復した。ついで八月四日善次郎を後嗣にと願い出て許され、名を松平又三郎忠洪（ただひろ）と改めた。この松平姓は十九代光久が寛永八年元服の折許されたもので（『島津国史』）、以来島津氏は代々松平姓を使用していたのである。ここに善次郎も一門加治木家を出て、宗家の後嗣となることになったのである。

父重年の死

重年が万一を慮った予感は的中し、彼は再び藩地を踏むことはなかった。継豊と同様に疝癪の持病で苦しみ、翌五年（一七五五）四月の国元への発足を延ばしていたところ、遂に六月十六日芝藩邸で不帰の客となったからである。それより前、木曾川治水工事は完成していたが、五月二十五日総奉行平田は任地美濃国養老郡大牧村（大巻）で自刃していた。重年は工事完成や平田自刃の模様を、六月六日着府の副奉行伊集院久東（ひさはる）から病床で聞いたとも思われるが、間もなく彼自身の病状も悪化し、遂に日ならずして自らも平田のあとを追う結果となった。

生まれ落ちると同時に母に死別した又三郎は、いままた十一歳にして父を失ったのである。人間としての不幸これに過ぐるものはあるまい。それとともに少年重豪の心に、外様大名に対する幕府の重圧の厳しさが影を落したであろう。後年の重豪の幕府対策はここに根源をもつのかもわからない。

重年死去の直前、藩では果してストレートに又三郎を後継藩主に願い出てよいかと再び躊躇した。その理由とするところは、薩摩藩は大国で琉球支配まで任せられている国がらで、忠洪は嫡子ではあってもまだ十一歳で、もし不慮の事件でも起ったら心配である。だから国元にいる久峯が二十四歳になるのでこれに相続させ、忠洪はその養子にしてはどうかと、老中堀田正亮に内々相談している。しかし堀田はその配慮は不要と答え、むしろ継豊を後見とするほうがよいと考えたようである。

藩主となる

こうして宝暦五年（一七五五）七月二十七日忠洪が二十五代の藩主となった。そして祖父継豊がその死まで五年余藩政を後見した。忠洪は宝暦八年（一七五八）六月十三日十四歳の時、

元服し重豪と改名

江戸城黒書院で正式に元服し、従四位下に叙せられ左近衛少将に任ぜられたが、同時に将軍家重の諱一字を賜わって、名を重豪と改め、薩摩守を称した。

三　祖母竹姫（浄岸院）

徳川宗尹

重豪は翌宝暦九年（一七五九）十一月一橋家の祖権中納言徳川宗尹の娘保姫と縁組した。徳川宗尹は八代将軍吉宗の四男で、将軍家と島津氏の結びつきができたといえるが、将軍家との関係は前からあった。すなわち重豪の祖父継豊の夫人竹姫が五代将軍綱吉の養女であったからである。青少年期の重豪の生活、いやある意味ではその生涯に、この竹姫の存在が重要な意味をもつと思われるので、ここで少し竹姫について立入ってみたい。

竹姫、綱吉の養女に

竹姫は清閑寺大納言熙定の娘として、宝永二年（一七〇五）京都に生れたが、五代将軍綱吉の側室大典侍の姪に当る。大典侍に子がなかったので、宝永五年綱吉に願って竹姫を綱吉の養女にしてもらった。そして同年会津藩嫡子松平久千代と縁組をしたが、久千代が間もなく死んだので、婚儀は行なわれないままであった。そこで二年後こんどは有栖川宮正仁親王と縁組し、結納まで済ませていたが、この有栖川宮も享保元年（一七一六）死去して、二度まで不縁になった人である（『以貴小伝』『柳営婦女伝系』）。それをその後八代将軍吉宗が養女としていたが（『徳川幕府家譜』）、享保十四年（一七二九）、夫人を二年前に亡くして、まだ正室を迎えていなかった島津継豊にもらうよう命じたのである。しかし継豊はまったく気がすすまず、何とか断わる方法はないかといろいろ画策した。

一般に将軍家との縁組は金がかかるので喜ばない風があったというが、継豊の場合それだけではなかったようである。すなわち、既に継豊には側室於嘉久（おかく）に男子益之助（後の宗信）が生れており、その側室を本妻同然に取扱い家来等もつけていることから、「上意之趣とふそ御断申上度」と考えた（『追録』）。於嘉久は当時江戸住いをしていたのである。その上「竹姫様御きりょうは勝れかね候」（同上書）というように美人ではなかったということから、あえて竹姫を迎える気にはならなかったのであろう。しかし吉宗のほうではもし竹姫に男子が生れても、益之助を嫡子としてかまわないとして強引に竹姫入輿をすすめ、遂にその婚儀が成立した（『追録』）。

竹姫、継豊夫人となる

こうして享保十四年十二月四日婚儀が行なわれた。将軍養女の嫁入りということで、その婚儀は大がかりであった。婚礼荷物の運搬に三日かかり、竹姫につき従って来た女中衆は二百四名という多数で、竹姫住居の御守殿（ごしゅでん）造営とともに、島津家にとっては大きな財政上の負担となった。将軍家の娘を迎えた場合、婿側が三位以上であると、御前様とか奥様とかいわずに御守殿と呼ばせるのであるが、島津家は四位どまりでこの称号は使えないわけである。しかし吉宗は竹姫の場合この称号を用いることを許し、芝薩摩藩邸の隣に御守殿屋敷を与えた。

竹姫、重豪の出府を喜ぶ

招かれざる客の形の竹姫であったが、四年後には女の子（菊姫）を生んだ。心配された男子出生はなかったので、その面のトラブルは生じようがなく、竹姫はむしろ宗信を猶子（養子）とし自分の子同様にかわいがったという（『追録』）。しかしその宗信が襲封後わずかで死んだ寂しさをかこち、病身の継豊も国元に帰ったままでいた宝暦四年の秋、重年とともに出府してきた十歳の少年重豪の出現は、竹姫の心の空白を埋めたようである。

その後重豪は芝屋敷で成長した。その間に父重年の死、自らの藩主就任、保姫との縁組、祖父継豊の死などがあって、宝暦十一年（一七六一）十七歳の時、襲封後初めて封地鹿児島に帰って来た。初入部（はつにゅうぶ）である。父重年に伴われて鹿児島を去ってから丸七年がたっていた。その在府期間中、初めの一年近くの父重年在世中は別として、江戸には鹿児島を知らない祖母竹姫しかいなかった。しかも藩主修業を始めたばかりの十代の少年重豪であってみれば、その生活に祖母竹姫の影響をみることは決して不当ではあるまい。後年の重豪の鹿児島ばなれのした政策、特に言語容貌の矯正に、隠居後に至るまで一種の執念の如きものをみせるなど、京都生れで江戸育ちの、現職将軍家重の妹分に当る竹姫の影響を、無視することはできないのではないか。

茂姫の結婚は竹姫の遺言

これは竹姫こと浄岸院（継豊死後の竹姫の称号）死後のことであるが、重豪の娘茂姫が十一代将軍家斉の御台所になる。ところがその縁組も浄岸院の遺言である。家斉は一橋治済の子で、重豪の先夫人保姫の甥に当る。その保姫は既に浄岸院より先に死んでいて、一橋の家系と島津家の血縁が切れる運命にあることを憂えた浄岸院が、その生前妊娠中の重豪側室市田氏（喜内貞行の娘）の子について、女子の場合一橋家に入れるよう遺言したものと思われる。それが実現して一橋家徳川豊千代は後に十一代将軍家斉となり、重豪は将軍岳父ということになって、大きな権勢を振うようになるのである。

四　結婚

重豪が初めて出府して間もなくのころ、一橋家保姫との縁談が申込まれた。保姫は時の将軍家重の姪であるから、竹姫にも建て前上姪ということになる。しかもこの話は直接竹姫に持込まれ、当時存命中の重年にも内々話してあった。竹姫周辺では将軍の姪をもらうということは、将来重豪の官位昇進その他何くれとなく都合がよかろうとし、また木曾川治水工事等近年の財政困難の藩情について、婚礼は十年も先きのことだろうし、一橋家の禄はそれほどでもないから、大げさな婚儀でもあるまいと考え、隠居継豊もこれに賛意を表わしていた（『追録』）。結局婚約発表は出府した五年後、婚礼はそれより三年後の宝暦十二年（一七六二）であった。この重豪の結婚について島津家で一番中心になったのが竹姫であった（『追録』）。

甘露寺綾姫を後室に

こうして結婚した夫人保姫は明和六年（一七六九）に死去する。重豪はその翌七年、甘露寺（かんろじ）前権大納言規長（のりなが）の娘綾姫（あやひめ）を後室に迎えた。これより前、保姫は結婚の翌年女子（悟姫）を生んだが、わずか九カ月で死去し、後継者となるべき男子はなかなか生まれない。そこでせめて側室をおいて男子出生をはからねばと、いろいろ重豪にすすめるが、重豪は側室をおかない。浄岸院も心配して、種々配慮した結果、夫人保姫に仕えているおきちを側室にときまったが、事情があってこれは中断し、いろいろ詮議の結果、浄岸院の従弟甘露寺規長の娘綾姫に白羽の矢がたち、一応竹姫の侍女とし、重豪が気に入ったら側室にすることとした。その通り事がはこばれて、綾姫は明和四年鹿児島に下っていたものである（『追録』）。それをこんど重豪の後夫人にたてたのであるが、これも全く浄岸院のはからいによるものであった。

竹姫と重豪夫人の関係系図

⑤綱吉 ═ 竹姫（養女）
⑤綱吉 ─ ⑥家宣 ─ ⑦家継 ─ ⑧吉宗
⑧吉宗 ─ ⑨家重 ─ ⑩家治 ═ ⑪家斉
⑧吉宗 ═ 竹姫（養女）＝（島津継豊）─ 宗信
（島津継豊）─ 重年 ─ 重豪 ─ 茂姫（広大院）＝ ⑪家斉
⑧吉宗 ─ 一橋家 宗尹 ─ 保姫 ＝ 重豪
一橋家 宗尹 ─ 治済 ─ 家斉
清閑寺 熙房 ─ 熙定 ─ 竹姫
清閑寺 熙房 ─ 万里小路養子 尚房 ─ 甘露寺養子 規長 ─ 綾姫

また重豪の嫡男斉宣の母於千万は、堤前中納言代長の娘で、浄岸院に仕えていたのであるが、この堤家は甘露寺家より出たもので、前述の如く浄岸院の生家清閑寺家とも関係の深い家柄である。この於千万が浄岸院の死後重豪の寵を得て、斉宣を生んだのである。

田沼意次との関係

　また一橋家保姫との婚儀成立が重豪の生活に大きく影響すると思われる事に、田沼意次（おきつぐ）との関係がある。宝暦十二年（一七六二）のことである。重豪は前年の初入部後、この年二月鹿児島をたって参勤の途に上った。ところが同月十六日江戸の芝馬町に火事があり、薩摩藩邸も類焼した。火災発生後浄岸院は高輪邸に移ったが、その御守殿も焼けてしまった。参勤途上この知らせを聞いた重豪は、再び鹿児島に引返し改めて五月参勤の途に上った。この年は保姫との婚礼も予定されており、この火災で芝藩邸の復興資金に困った薩摩藩では、その資金を幕府から引出そうと考えた。時に幕府の御側衆田沼意次（おきつぐ）の弟意誠（おきのぶ）が一橋家の家老であったので、薩摩藩はこの意誠を通じて意次へのとりなしを頼んだ。意次はその頼みを聞き入れたが、藩主へ金をやるというのは差支えがあるから、将軍から浄岸院へやるという形をとったらということで、三千両を下賜され、その上二万両の借出しに成功した（『追録』）。この時は少年重豪自身意次とどうということはないが、後年意次が側用人（明和四年）、老中（安永元年）となって実権を振う田沼時代の出現と、重豪の開化政策の展開が時期を同じくすることなどを考え合わせると、決して無縁のことではなく、ほかの諸件と合わせて、浄岸院の存在が重豪の生涯に与えた影響の大きさを痛感させられるのである。

第二　見聞をひろめる

一　鳩巣学派

宝暦・明和期は修養時代

藩主としての重豪の治績は、各面にわたり多彩なものがあるが、それはほとんど安永・天明期に集中し、前半の宝暦・明和期、年齢的には十一歳から二十七歳までの間には、その施策はあまり表面化せず、したがってこの時期は一種の準備期、換言すれば修養時代である。

藩主教育は出府以後

重豪は、宝暦四年（一七五四）父重年に連れられて出府するまで加治木島津家の当主として育てられていた。それが思いがけなく藩主後嗣となり、間もなく藩主に就任したという経緯から、藩主としての教育は出府以後始まったと考えてよかろう。重豪を後嗣にしようと決意した重年としても、教育のことが最も気にかかることであり、緊急を要することであったろう。それかあらぬか、宝暦四年七月二十二日出府した重豪は、五日後の二十七日には記録奉行川上平右衛門久儔を侍読として読書始めを行ない、ついで八月一日には右筆小倉仲之丞知典を相手として習書始めを行なった。さっそく藩主教育が始まったのである（『追録』）。

川上久儔を侍読とする

川上は宝永五年記録方見習、正徳元年記録奉行となって、既に四十七年間記録方に勤めている人物で（『薩藩重職補任』）、このころ六十九歳という高齢であったが（『川上支流系図』）、まずそのようなベテランを抜擢して侍読としたものであろう。

しかし川上は翌年重豪が藩主に就任して間もなく、十月には願によってお役御免となった。記録奉行とともに侍読もやめたものと思われる。その後重豪の侍読になるのは山田有雄（君豹）や児玉実門である。両者ともに室鳩巣の学統をひくもので、年齢的には児玉のほうが山田より四歳上であるが、記録方採用が山田のほうがずっと早い時期であり、また山田は既に重年の侍読も勤め、重豪が宝暦四年世子の届をして名を松平又三郎忠洪と改めた時、「忠洪」の字義を考証したりしているので（『追録』）、山田が先きに侍読になったと思われる。

侍読は室鳩巣派の儒者

山田有雄

山田は鳩巣門下の郡山員雄や児玉図南に教えを受け、自らものち江戸に出て同じく鳩巣門下の河口静斎や伊東澹斎に学び、学問大いに進んで特に詩文に長じた。寛延二年（一七四九）記録方稽古、同四年添役になっていたが、宝暦十三年奉行に進む人物である。

児玉実門

児玉実門は祖父金鱗が深見玄岱（高天漪）の門人であって、藩主光久・綱貴・吉貴の侍読を勤めた。

深見玄岱

深見玄岱の祖父は中国福建省の人で、慶長初年薩摩に流寓して島津氏に医師として仕え、千台（川内）の人鎌田新右衛門の子久兵衛を嗣子とした。その後久兵衛を伴い中国に帰り没した。養父の死後久兵衛は日本に帰り、のち長崎に移住した。同地で久富氏との間に生れたのが玄岱である。書や詩にすぐれていた（石村喜英『深見玄岱の研究』、武藤長平『深見玄岱遺事』）。実門の父図南も家学を継ぎ、のち江戸に出て鳩巣の門に入り、また玄岱について書や詩を学んだ。実門は、宝暦七年（一七五七）四十七歳で記録方稽古になり、同年添役に進み、同十三年奉行となった（『薩藩重職補任』『人物伝備考附録』）。

このように享保年代に一世を風靡した鳩巣の学統をひく朱子学者によって、重豪の儒学的教養が育てられていった。薩摩の儒学は、元来桂菴玄樹の学統をひく薩南学派が本流をなしていたが、同派は江戸初期の愛甲喜春までで衰え、以後この学派は全く振るわず、鳩巣門にとって代わられたのである。

郡山遜志

重豪の重用した儒者には、このほか郡山遜志・その子員良・山田明遠（司、有雄の子）・郡山国華・本田親福や山本正誼・赤崎貞幹らがいた。

このうち郡山遜志は、鳩巣門下の郡山員雄の学統を継ぎ、宝暦九年記録方稽古、同十二年添役、明和六年奉行になり、のち使番さらに喜界島代官になるが、記録方添役時代の明和六年（一七六九）春、命によって藩主心得書ともいうべき『君道』を編纂し、同年六月完成した。その編纂には遜志のほかに記録方稽古山田明遠および児玉実識が参画した。

『君道』

『君道』は知・仁・勇三巻から成り、初めのことばによれば、

知ハ此五倫ノ道ヲ知リ、仁ハ此ヲ身ニ行ヒ、勇ハコレヲ己ニ強ルナリ、知ラザレバ行コト能ス、故ニ知ヲ致ヲ以先キトス、

とあって、聖賢の言行、政道の模範となるべき事項を記して、君主の道を説いたものである。中国聖賢の言行が主であるが、中には島津忠良（日新斎）や義弘（維新斎）など島津家祖先の言行をも説いている。儒教的人倫五常の道が中心であるが、特に君主として学問を尊重すべきを説き、学校の必要性を力説している。すなわち、

古ヨリ世ノ明君ト称スル人学サルハ鮮シ、固ヨリ其知ノ明ニシテ行ノ正シク、聖賢ノ事始ヨリ其性ノ近シテ、我ニ似タルコト有ルヲ以テ、好ンテ学ヘルニヤ、抑、今ノ世ノ崇高富貴ニ居ル人ハ、多クハ遊惰ニシテ声色ニ淫シ、国家ノ政事ニ意ロ無ク、聖賢ノ事業ノ如キ、始ヨリ其梗概ヲ聞クコトナシ、（平仮名ルビは筆者。以下同じ）

また、

松齢(義弘)公国家事多ノ国ニ生レ玉ヒ、天文以来合戦止ム時ナク、御老年に至リ玉フマテモ天下ノ乱止マスシテ、軍務ノ労ニ御暇ナカリシカトモ、明朝ヨリ黄友賢ト云ヘル友賢江夏ヲ氏トス、子孫ハ今ニ存ス、学士、乱ヲ避ケテ来ルアルヲ、民間ヨリ挙ケテコレヲ師トシ学ヒ玉フハ、是レ亦学ノ大ニ益アルコトヲ知リ玉ヒ、夫ノ光武・太宗ト一軌ニ出玉フコトヲ見ルヘシ、

と一生を戦陣の中に過した義弘の好学を称揚し、また日新斎のいろは歌をとりあげて、それが「頻リニ学問ノ道ヲ示シ玉フ」としている。そして漢の董仲舒が武帝の諮問に答えて、学校を興すべきことを説いた故事を引用して、

今仮令学校ヲ起スコト能ストモ、今ノ士大夫ノ子弟ヲ教ヘ導キ、遊惰ノ風ヲ改メ学

問ヲ勉励(ベンレイ)シ、六芸ノ間ニ優遊(ユウユウ)セシメハ、英才繁ク多カルヘシ、此、賢能ノ士ヲ得ル
ノ道ナルヘシ、

と教育の必要性を説いている。これから四年後、重豪が藩校造士館を設立するについて、恐らくこの進言は大きな力になったものと思われる。郡山遜志は同年このほかにも命を受けて、『島津世家』の編纂に着手するが、これは後に山本正誼が改撰して、『島津国史』となるのである。

二　書籍の購入

図書一百冊を購入する

『君道』編纂の前々年、重豪は大量の書籍を購入している。『近秘野草』や『島津正統系図』等によると、明和四年(一七六七)四月三日、

関山金暉旨を承け、相良長興をして四書五経・新刻蒙求(もうぎゅう)・楚辞箋註(そじさんちゅう)・通俗忠義水滸(すいこ)伝(でん)・小学・孝経大儀殆ど一百冊を購(あがな)わしむ、

とあり、翌五年四月七日には、

関山金暉に命じ、児玉主左衛門利容をして、千字文・唐詩選・唐詩礎・明詩礎・通

商考・字林集を購わしめ、相良弥千母長興・本田七右衛門親存をして、草菴蒙求・和歌類題・古今集・浜真砂・天狗芸術論・田舎荘子を購わしむ、皆親覧に備うるなり、

とある。関山金暉（金郷）は側用人、相良長興は側小姓である。児玉主左衛門利容は児玉図南のことであるが、図南は既にこれより二十八年も前の寛保元年に死んでいるので、これはその子実門の誤りであろう。実門はこのころ記録奉行であった。本田七右衛門親存とは記録奉行本田七右衛門親房（のち親方）のことかその一族であろう。

これらの書目を見ると、儒書をはじめ中国の史書・詩文集が中心であるが、『古今集』以下の日本人の著書も多い。それも和歌関係のものが多いが、そのうち「草菴」とあるのは、南北朝時代の歌僧頓阿の歌集『草菴集』のことで、「草菴蒙求」とあるのは、この『草菴集』の注釈書である『草菴集蒙求諺解』のことであろう。「和歌類題」は、『草菴和歌集類題』のことか、あるいは後水尾天皇編や有賀長伯編で『類題和歌集』があり、そのどちらかと思うが、どれとも定め難い。「浜真砂」は有賀長伯のものを指していると思われるが、そうだとするとこれは歌学書である。いずれにしても和歌関係の書籍を

多く購入している。

なお『天狗芸術論』『田舎荘子』は、ともに江戸中期の隠士丹羽樗山（号佚斎）の著書で、前者は別に『武用芸術論』とも称する剣術書であり、後者はその後記に「老たるも若きも是を見る人頤を解、腹をかかへて雀躍大笑する声九万里にもひびかん」と記した如き一種の滑稽本である。四年購入分の中に見える『通俗忠義水滸伝』は、長崎唐通事出身の岡島冠山が中国の水滸伝を、わが国ではじめて国訳刊行したものである。しかしこのころはまだ宝暦七年刊行の上巻だけで、中・下巻はまだ刊行されていない。

『華夷通商考』

これらのほかに注目すべきものは「通商考」である。恐らく『華夷通商考』のことと思われるが、これは長崎の町人学者西川如見の著書で、中国や朝鮮・台湾・呂宋あるいは遠くオランダやイギリス等、アジアからヨーロッパの国々について、里程・風土・人口・産物その他を、通商貿易の立場から叙述したものである。しかもこの時は宝永五年の増補版が出ており、如見は「長崎を一覧することなき人の為に」、中国やオランダの船あるいは「長崎に来る者唐人・天竺人・紅毛人の図」（同書作例）をも記したのである。

重豪がこの図入りの『華夷通商考』によって、中国やオランダの事物に大きな関心を寄せ、自分の目で直接それを確かめたいという欲望を持ったとしても、重豪ほどの知識欲旺盛な人であったならば、無理からぬことといえよう。果して重豪は、それから三年後の明和八年(一七七一)、江戸から帰国の途中長崎に立寄って、直接異国文化に接している。如見のこの書が、その契機を作ったことは十分考えられるところである。もちろん既に明和四年(一七六七)の冬には、中国語辞書ともいうべき『南山俗語考』の編纂を命じているから、「通商考」によって初めて中国やオランダなどの外国文化への関心を啓発されたわけではあるまいが、大きな刺激になったことは否定できまい。

相良長興

なお明和六年十二月側小姓相良長興に、四書五経各一部を下賜している。相良は前年の書籍購入を直接担当した者で、恐らくなかなかの好学の士だったのであろう。重豪としては家臣の向学心にこたえようとする気持があってのことと思う。

亀井南冥

ところで安永四年入薩した筑前の徂徠学派の儒者亀井南冥の『南遊紀行』に次のような話が記されている。南冥が鹿児島を出発する前日、鹿児島での交友が送別会を催してくれた。その時相良長興も宴酣のころやって来た。すると皆喜んで彼を上座にすえたというが、その長興のことを南冥は「相良神童長興」と呼び、「神童年十三にして詩かつ書を善くす」と記し、南冥を送る長興の詩を掲げている。神童といわれるほどの少年だったようであるが、この長興と重豪の側小姓の長興とは同一人物であろうか。この時十三歳とすると、図書購入をやった明和四－五年ころは五－六歳だったことになり、少し幼なすぎる。ただ十歳で家学を講じた吉田松陰の例もあり、南冥が神童と呼び、宴席におくれて来た十三歳の少年が一座の人気者であった様子からみると、まったくありえないことでもないようである。だからこそ重豪の寵愛もひとしお大きかったという風に考えられないでもない。

三　京坂での見聞

重豪は参勤交代の往復に、京坂において見聞を広め、上方文化の吸収につとめた。また長崎へ立寄って異国文化への理解を深めようとした。

すなわち、明和二年（一七六五）帰国の途中、五月二十四日伏見から京都や宇治に微行し、翌三年には出府の折、二月二十二日兵庫から微行して布引滝（ぬのびきのたき）を見物、摩耶山に参詣し、二十四日は大坂邸に市人等を呼んだ。大坂藩邸で御用商人を引見したということであろう。これについては既に宝暦十一年初入部の折も、伏見や大坂で町人を引見していることから、御用商人に対して藩主直々に声をかけることがあったのであろう。

翌二十五日には竹田近江に命じて、書院で操人形を上演させ、随行の家来たちにも見物を許した。二十六日は芝居を観覧し、二十九日は伏見から微行して京都見物、翌三月一日はさらに桃園（今の桃山）を見物し、宇治万福寺に参詣した。「万福寺記録」によると、その翌四年五月八日にも同寺に参詣している。

さらに同七年（一七七〇）も出府の途中、三月七日微行して京都見物、八日は伏見邸に万福寺の伯珣和尚を招いている。ただこの年の行動について『重豪公御譜』（『追録』）は三月五日伏見着、七日出発と記しているが、ここでは『近秘野草』『島津正統系図』の説に従った。この京坂における重豪の行動の詳細はよくわからないが、後年重豪が鹿児島に上方文化の積極的流入をはかることから、この一連の行動はその前提として注目に値することである。

竹田近江は、上方における人形浄瑠璃の全盛時代を築いた竹田出雲の後で、近江の時代はその沈滞期にはいっていたが、重豪は近江を呼んで直接操人形を見物したのである。

操は既にこの前明和元年十二月六日江戸で、浄岸院の命により外庭の茶亭で催したことがあるので、上方のものを見たいと思ったのであろう。

宇治へ三年続けて微行し、さらに七年には伏見邸に万福寺の伯珣（『近秘野草』等に主僧伯順とあるが、伯珣の誤りであろう）を招いている。

これを万福寺の史料でみると、『黄檗山知客寮日誌』は明和年間が欠けていて、この事実を確かめることはできない。しかし別に『黄檗山知客寮須知』があり、これに明和三年と同四年に重豪が万福寺に参詣したことが記されている。同史料が明和二年九月からのものであるため、同年五月の宇治微行が万福寺参詣であったことを実証することができず残念であるが、同四年については『島津正統系図』等が何も記していないのに、この史料で確認できたのは幸いである。『黄檗山知客寮須知』明和三年三月朔日の条には次のように記されている。

薩州太守君御内々ニ而御参詣、於方丈相見、小食茶菓緩々御咄、被終御帰館、則日方丈より使僧御挨拶ニ被遣候瑞図墨跡掛在 鄭彩墨跡御覧

薩州太守君はもちろん重豪で、内々の参詣であった。同寺方丈で住僧と会見し、小食

と茶菓をふるまわれてゆっくり話し合い終って帰ったというが、二十二歳の青年藩主重豪の話題の中心は何だったろうか。方丈には瑞図の墨跡が掛けてあり、鄭彩の墨跡をみたという。瑞図は明末清初の文人張瑞図のことで、開山隠元の尊敬した、書画にすぐれた文人であった。重豪帰館後方丈では即日使僧を伏見藩邸に派遣して挨拶させた。この時重豪の相手をした方丈は伯珣照浩と思われる。伯珣はこの前年住持となり九月十五日晋山していた。もし明和二年万福寺に参詣していたとすれば、その時の住持は第十八代大鵬正鯤であった。第十九代仙岩元嵩は宝暦十三年住持になったが晋山しないうち遷化し、そのため大鵬が引続き再住し、伯珣の晋山によって退隠したからである。仙岩は和僧で大鵬は中国僧であった。大鵬は第十五代住持を勤め、この時は再住であった。

　重豪と伯珣の会見は明和三年が初めてである。薩摩藩ではさらに三月五日使者を万福寺に派遣し、先日の来山のお礼として方丈に羽二重二疋を送ったという。すなわち三月五日の条に、

　薩州屋鋪より使者来 先達而来山為二御礼一方丈へ羽二重弐疋、京留守居より書状来、

とある。

万福寺における重豪の動静は、次の明和四年の場合さらに詳細に知り得る。まず、

一、(明和四)亥五月八日薩州刺史重豪公登山請ㇾ上堂ヲ、

とあり、来山の節住持は方丈の縁下まで出迎え、重豪は階下から刀を侍臣に渡して住持と接見した。方丈で茶菓小食を受け、近侍の供回りにも次の間で小食が饗応され、それが終って形式通り上堂が行なわれた。上堂とは法堂において住持の説法が行なわれたのである。後学のために法堂には幢旛宮燈で荘厳を行ない、山内各院にも松隠堂(塔頭の一)に託して上堂のことを報知した。重豪は法衣を着けて前列に立ち、看坊(職名)・随徒は大衆の後に立たせた。上堂後院主・看坊には副寺寮で一碟(ちょう)(小皿)二椀(わん)の斎(とき)のもてなしが行なわれ、随徒は斎堂で斎を喫したという。さらに重豪には午後二時方丈で卓子料理がふるまわれた。すなわち、

一、八時於二方丈一薩州侯へ卓子、六草十碟十二碗、引菓子三種五っ盛、次ノ間ニ而侍臣不ㇾ残光伴、二十人、七っ時晩課聴聞、了而回去、

といい、侍臣二十人にも次の間で陪食させられ、午後四時晩の仏事を聴聞し、それが終って帰ったというのである。卓子すなわち卓袱(しっぽく)料理は長崎地方から流行しはじめた日本

化した中国料理であるが、寺院では精進料理で、いま普茶料理と称しているものである。重豪は四年後長崎で卓袱料理を味わうが、既に前年十一月五日、芝邸に林大学頭・深見新兵衛・橘隆庵その他を招いて「卓子小宴」を開いており（『島津正統系図』）、この万福寺での饗応に満足したと思われる。

重豪は翌九日伏見藩邸に住持伯珣を招いて終日饗応した。

一、翌九日於（て）二伏見旅館（に）一堂頭和尚招請、都監寺・知客・直歳・侍者随去ル（マヽ）、終日饗応。

とあり、都監寺（つかんす）以下知客・直歳（しっすい）等は万福寺僧侶の役職名である。その後明和七年の伯珣招待は二度目ということになる。十五日重豪は上堂の謝礼として銀十五枚を贈った。以上、明和三―四年の万福寺参詣の模様を確認できたが、これは重豪の京坂地方見聞の中では唯一の具体的動静である。恐らく二年の宇治微行も万福寺参詣に間違いあるまい。しかもこれは重豪の黄檗宗への帰依を物語るものではあるまいか。ただ重豪と黄檗宗との結縁が何によるものかはよくわからない。

黄檗宗は明僧隠元隆琦（いんげんりゅうき）の伝えた新宗派で、四代将軍家綱の寛文元年（一六六一）京都近郊宇治に黄檗山万福寺を建てて一宗を開いた。それから間もなく寛文十年家綱は江戸白金に同じ黄檗派寺院紫雲山瑞聖寺を建てさせたが、その瑞聖寺の隣に薩摩藩の下屋敷の一つ（白銀邸）があった。

鹿児島の黄檗宗

一方鹿児島に黄檗宗が流布したのは藩主綱貴時代元禄十四年（一七〇一）、万福寺二世木庵の弟子愚門が、曹洞宗廃寺を再興して月船寺を建てたのが初めである。その後享保十四年（一七二九）玄黙が真言宗寺院を武村に移して寿国寺を再興し、黄檗宗に改めた。この再興は江戸瑞聖寺の創建者鉄牛に厚く帰依した綱貴の遺志を継いだものだという（『三国名勝図会』『薩藩政要録』）。

重豪と黄檗宗

さらに重豪と黄檗宗との関係をみると、ずっと後年のことであるが、享和二年（一八〇二）正月万福寺に綱貴の信仰仏であった観音大士像一軀を寄附したのをはじめ（『黄檗山入祠堂票簿』）、同四年（文化元年）二月先祖の過去帳一帖と円徳院（父重年）・正覚院（母都美）の相牌一基を、ついで翌年自らの寿像を納めた。また文化八年十月有馬温泉湯治を名目に京坂に下った時、同十六日万福寺に参詣している。

さらに江戸瑞聖寺にも享和三年十一月祖先の過去帳一帖と父母の相牌一基を納め、翌文化元年五月二日剃髪を行なった後、六月二十日瑞聖寺に参詣し、住持若沖禅師について帰戒ならびに法諱を受け、禅師の授けた法衣を着した。そして画工河島雪亭尚明にその画像を描かせ、その副書を自ら記した。その上若沖のたっての懇望によって雪亭にもう一枚描かせ、副書も別に書いて禅師に贈ったという。この画像はその後文化九年二月鹿児島の千眼寺に納められた。文化元年瑞聖寺参詣の折には、その前剃髪した毛髪を同寺に納めたようで、文化二年十二月両親の位牌や過去帳ならびに自らの真像を納めるための御霊殿と、御髪塔を瑞聖寺境内に建立したという（『追録』）。一方翌年同寺に寿像安置のため徳昭殿を建立したというが（『仰望節録』）、これは前記の御霊殿と同一物と思われ、これでみると真像とは寿像のことと思われる。

その後文化十年家老川上右近久芳・側用人伊集院隼衛兼当に、自分の死後は瑞聖寺に葬るように命じた。この件はその後撤回したが、死後その位牌を瑞聖寺に納め中陰法要が執行されている。しかも文化二年には黄檗僧大幻をして鹿児島寿国寺末千眼寺を西田屛風迫に再建させ、瑞聖寺若沖を開山、大幻を住持にし、同年十一月千眼寺を黄檗山末寺として、寿国寺管下からはずしている。寺格は文化三年御目見寺、同十二年門首寺としたが、その前三年四月七日寿像をここにも安置した。大幻は瑞聖寺若沖禅師の弟子と思われる（『追録』）。これら重豪の黄檗宗への傾倒ということから考えると、明和年間の

万福寺は中国語のメッカ

万福寺参詣に信仰上の理由があったことは、推定してよさそうである。

しかし一方、重豪が中国語に強い関心をもち、明和四年（一七六七）には『南山俗語考』の編纂に着手しており、黄檗宗と中国語の関係を考えると、万福寺訪問は中国語のメッカに住む黄檗僧との交流という目的もあったのではないかと思われる。明僧隠元が渡来して、宇治に万福寺を開いて以来、十三代住持までは皆中国からの帰化僧が住持をしており、その後和僧住持になったが、十五代（十八代再任）大鵬や二十代伯珣・二十一代大成と三人の中国僧住持が復活した。このころはちょうどその伯珣、ついで大成の時代であった。

こういう伝統をもつことから、長崎以外では宇治が中国語普及の震源地となった。そのころの川柳に「唐音を茶摘みもよほど聞きおぼえ」というのがあり、また寛政の女流俳人菊舎（きくしゃ）は「山門を出（いず）れば日本ぞ茶摘（つみ）うた」とよんで、万福寺における中国語の流行を詠じた。いま万福寺境内にはこの菊舎の句を刻んだ句碑が建っている。このころ京都で活躍した儒者江村北海の著『授業編』（天明三年刊）にも、

抑唐音ノ我邦ニ行ナハル、事、元和ヨリ以前ハ姑（しばら）ク置（おき）、正保ノコロ朱之瑜・陳元贇ナド帰化ノ後、其人ニシタシカリシ人ハ、ヤ、唐音ニ通ジタル人アリケレドモ、イ

マダ汎ク世間ヘ流布セズ、余幼稚ノ比マデハ、唐音ハ長崎ノ訳官、黄檗ノ僧徒ナラデハ、知ラヌ事ノ様ニ人々オボエ、

と記している通り、はじめ長崎の唐通事のほかは中国語をあやつれるのは、黄檗僧だけであった（斎藤謹一「徳川時代の漢文学」『近世日本の儒学』所収）。この時の住持伯珣も帰化僧で、重豪の万福寺参詣や伯珣招待は、信仰上の問題だけではなく、中国語への関心も大きな理由であったと思われる。それでは信仰上の問題と中国語への関心とどちらがさきかとなると、それを明確に示す史料は存在しない。

その後文化九年に江戸の大井・大崎・白金の薩摩屋敷に宇治茶を栽培させたなどは（『仰望節録』）、この時の宇治訪問の余慶と思われるが、いずれにしても万福寺参詣を含めての京坂地方における見聞が、間もなく展開される重豪の開化政策に、大きな影響を与えたことは間違いあるまい。

四　長崎に立寄る

長崎立寄りの理由

重豪は明和八年（一七七一）中国やオランダ等の異国文化の香漂う長崎に立寄った。幕府へ

の立寄り出願の理由は、薩摩藩が異国船通行口で格別の任務を負い、また長崎にもしもの事がある場合警固兵出兵の義務があるので、長崎の実情をあらかじめ承知しておきたいというのである。

漂着船が多い

由来薩摩藩は海岸線が長く、長崎への航路も近かったので、密航船や漂着船の取締りに気を使った。幕府の強力な統制下に、藩は寛永年間家老島津久慶を宗門方兼異国方に任じて以来、家老一人が異国方として取締りに当るようになった。その管轄下に津口番所・火立番所・遠見番所を置き、非常時の軍役手当と動員体制を準備していた。事実漂着船が多く、たとえば十七世紀から十八世紀初頭までの約七十年間でみると、五十回の異国船漂着がある（宮下満郎「シドッティと鹿児島」『鶴苑』創刊号所載）。その中には宝永五年（一七〇八）のシドッチの屋久島潜入も含まれているが、一年四カ月に一回の割合で、それには唐船を始め、朝鮮船・安南船・オランダ船等があり、まったく油断できなかった。漂着船取扱いのため唐通事を置いていたが、藩はその唐通事養成に努め、そのうち二―三人を長崎に派遣して修練させていた。

唐通事の養成

寛政十一年唐通事主取になった加世田（かせだ）小松原出身の鮫島正次郎の手記『訳司冥加録（みょうがろく）』

（鹿児島県立図書館所蔵写本）によると、彼は重豪の長崎立寄りの二年前明和五年から六年まで二期二十カ月長崎に留学し、西中町呉南溪を師匠として唐音稽古をしたが、その時薩摩からほかに三人南溪に入門していたという。帰国後鮫島は鹿児島に中宿を許され、のち下町町人さらに加世田郷士に取立てられるが、鹿児島では多くの弟子を養成し、ほかにも三人の唐通事が後進の養成に当っていたこと、また唐船の漂着ごとに出張を命ぜられたこと等を記している。

重豪も早く明和二年在国中市来（日置郡）へ鷹狩に行った時、隣の串木野郷羽島に唐船が漂着していることを聞き、朝早く羽島に行ってその唐船を見学した。その二年後重豪は『南山俗語考』の編纂に着手する。また薩摩藩が琉球を支配していることが、中国への関心を一段と高めたであろう。早く宝暦十三年（一七六三）下国中、琉球王尚穆の将軍家重の死去弔問使豊見城親方が鹿児島に来たし、翌十四年には将軍家治の就任を祝う慶賀使読谷山王子一行が出府した。この時、重豪は先に出府していたが、この一行に同行する琉球学者たちの清国直伝の学説は、二十歳の青年藩主重豪に大きな刺激となったのではなかろうか。

一度だけ長崎立寄りを許される

実証的精神旺盛な重豪は、蘭船・唐船の唯一の入港地長崎を直接自分の目で確かめたいと思った。老中松平武元から一度だけの立寄りはよろしいとの内意をうけ、明和八年正月正式に幕府に出願してその許可を得、五月二十八日江戸を出発した。七月一日坂越（赤穂市）着以後海路をとって同八日大里（北九州市）に上陸、今度は陸路筑前山家（福岡県）経由十六日長崎に着いた。『長崎年表』は「従者千余人、西浜町・船大工町・本石灰町・榎津町等に散宿す」と記し、重豪自身は西浜町に新築した藩邸に止宿した（『追録』）。

長崎での訪問先

重豪の長崎滞在は二十三日間に及ぶが、その間各所を訪問した。まず十八日、奉行所を訪ね、十九日は林市兵衛の家を訪れ、次いで御陣所を視察、同日長崎町人を召見した。二十日は福済寺と聖福寺（『近秘野草』の聖王寺は聖福寺の誤りであろう）に参詣し、二十一日は鉅鹿太左衛門の家を訪れ、庭園を観覧、また福田十郎右衛門の家にも臨んだ。二十二日は唐人館に行き、二十四日は聖堂に参り、祭酒向井斎宮の家を訪れた。同日さらに興福寺および崇福寺に参詣した。二十五日は出島のオランダ商館を訪問し、小鷹丸（前年の先鋒をつとめた藩船と思われる）で、オランダ船ブルグ号見学に出かけ、直接ブルグ号に乗船してしばらく船内を視察した。二十七日は平野善次右衛門の茶亭に、翌二十八日は今村源右衛門（明生）の茶亭に臨んで、オランダ人をも招いて終日楽しんだ。重豪は今村邸から帰って、「棣華亭」の三字を自分で書いて源右衛門に与えたという。重豪はその前、長崎到着の翌十七日に、この源右衛門の子政十郎を抜擢して、無役中通に取立てていた。なお『続長崎実録大成』によると、諏訪社へも参詣したという。

重豪の長崎滞在中の行動概要は右の通りであるが、その詳細は不明である。しかし以下に、できる限り重豪が長崎で接触した人物や訪問した場所等について明らかにしてみたいと思う。

御陣所

当然のことであるが、重豪はまず薩摩藩の長崎警備の状況を視察した。もちろん平常の長崎警備は、福岡藩と佐賀藩が交替で担当していたので、薩摩藩の如きは非常の際に出兵警備の任に当るわけで、その時の警備担当場所が御陣所であろう。重豪は「片淵郷・小島郷之陣所」（『続長崎実録大成』）を視察しているから、この二カ所が薩摩藩の担当場所だったのであろう。さらに重豪は中国人やオランダ人との交流接触を深め、異国文化採用の道を探ることに努めた。

林市兵衛

重豪が訪問した人物のうち林市兵衛は、唐大通事（おおつうじ）を勤めた林道栄（市兵衛）の曾孫で、このころ唐大通事を勤めていた林市兵衛（梅卿）のことだと思われる。道栄の父林公琰（りんこうえん）は福建省福清県の生れで、元和九年（一六二三）長崎に来住し唐年行司となり、福州出身者の領袖として崇福寺の創建に尽力した。その後林家は代々唐通事を勤め、この方面での名門であった。

平野善次右衛門

平野善次右衛門も同様で、唐通事の初めである馮六（ほうろく）の子平野四郎兵衛の子孫である。寛保二年（一七四二）稽古通事を命ぜられて以来、累進して大通事に進み既にその職にあること十余年という。林市兵衛に次ぐベテランで、島津氏の御用通事を兼ねていた。『長崎市史風俗編』によると、

平野別邸で卓袱料理を味わう

> 明和八年辛卯七月二十七日薩摩の太守島津重豪公は、長崎小島なる唐通事平野氏別邸に於て卓袱（しっぽく）料理の饗応を受けたことがある。その際の献立には三宝・熨斗（のし）もあれば、台菓子としては二見浦なども用いてある。併（しか）し自余の分は悉く唐土式に拠りたるもので、象牙の箸即ち牙筋、黄金の匙子、白銀の爵などを用い、湯式のものとしては醒酒湯などが注意をひくのである。

とある。この話の出典は『唐通事平野氏文書』と思われるが、その原典は長崎県立図書

館で八方調査してもらったが不明であった。

重豪がかつて万福寺で味わった卓袱料理は精進料理だったろうが、今度はそうではなかった。卓袱料理について重豪より数年後に長崎を訪れた橘南谿は、

> 近きころ上方にも唐めきたる事を好み弄ぶ人、卓子食という料り（理）をして、一つ器に飲食をもりて、主客数人みずからの箸をつけて、遠慮なく食事することなり。誠に隔意なく打和し、奔走給仕の煩しき事もなく簡約にて、酒も献酬のむつかしき事なく各盞にひかえて、心任せにのみ食うこと、風流の宴会にて面白き事なり。寺院にも黄檗宗などの寺には不茶とて、精進ながら卓子料理することなり。是日本にてはめずらしきことに思いて、至って心易き朋友ならでは行ないがたき事なるに、唐土にては世間常のことなりとぞ。（東洋文庫版『西遊記』）

と記し、このような心易い料理のあり方について、南谿は「たまたま上方のごとく、卓子料理も打和してよけれども、此事常に成りてはいとみだりがわしき事なるべし」と、不作法なこととして非難している。このような異国料理について、南谿のような感情は当時としては一般的だったかもしれない。しかし重豪はこの卓袱料理が気にいったらし

高輪邸での卓袱料理菜単

く、後年（文政七年ごろ）江戸藩邸に大学頭林述斎らを招いて、これをご馳走している。松浦静山は述斎から聞いたその献立を次のように記している。

林氏より近頃薩摩老侯の招にて高輪荘に赴(おもむき)しときの菜単（献立のこと）を示す、その日の賓は浜松・三田二侯と品字とぞ（水野左近将監、九鬼長門守）

菜単

卓子　紙包　箸子(ハシ)　牙籤(ヨウジ)　酒鍾(サカチヨク)　調羹(サジ)　碟児(サラ)

小菜

小菜　粕漬瓜　沢庵漬　味噌漬蘿蔔　泡盛酒（甘 辛）　韮漬(ラッキヨウヅケ)　菜漬

同　粕平卵(カスタイラタマゴ)（岩茸入）　合鱵魚(アワセサヨリ)　川茸（酢）　甘漬茄子

同　梨子丸煮（醤油）　花鰹節

同　樺焼（山椒）

同　龍田餅　大香糕(ダアピヤンコウ)

同　糖醃(サトウヅケ)（九年母 冬瓜）　氷糖（生姜 梅醤）

茶

橘餅湯（キツヒヤンタウ）

大菜次序

第一碗　裂蟹湯（サキカニタウ）　松茸　縐麸（チリメンブ）　芋才　芹玉子止地

第二盆　片魚（サシミ）　鮪（シビ）　平身（ヒラメ）　卸蘿蔔（ヲロシダイコン）　海粉　紫蘇芥辣酢

第三碗　筋豚　揚豆腐　氷蒟蒻　糸牛房　冬葱（ネギ）　銀杏　椎茸芥子

点心　鶏蛋糕（カステイラ）　揚饅頭　霜乃梅

鮮湯　鉋海馬（カンナサン）　紅落地生（ベニラクチシヨウ）（落花生のこと）

第四碗　胡桃豆腐　阿奴掛（アンカケ）　山吹卵　卸山葵（ワサビ）

第五盆　揚鯛　卸蘿蔔　防風　新薑（ワカハジ）

第六碗　乾醤湯（カンシヤウユ）　苞半弁（ツトハンペン）　冬瓜　初茸　菜

飯

糖水湯　西国米

以上（『甲子夜話』）

林述斎と浜松藩主水野忠邦・摂津三田藩主九鬼隆国ら三人の客を接待した献立である

が、島津家では卓袱料理を好み、静山によると、重豪の子斉宣も林述斎や龍野藩主脇坂氏・三田藩主九鬼氏を招いて饗応している（『甲子夜話続編』）。

重豪は平野家以外でも饗応を受けたかもわからないが、長崎での本場中国料理に満足したことであろう（中村質「近世日本の華僑」『外来文化と九州』所収・「訳詞統譜」『長崎県史史料編』第四所収）。

鉅鹿太左衛門

鉅鹿（おおが）太左衛門は、寛文十二年来朝した東京（とんきん）人魏九官の子孫が、鉅鹿を名乗り白糸商売を業としていた町人であったが、その四代目万兵衛規康のことで、当時唐三カ寺の一つ崇福寺の大檀越であった。その祖九官はわが国明清楽の祖で、万兵衛の兄民部規定は家を継がずに上京して明楽の師範となり、明清楽では京坂地方に名を馳せた。鉅鹿氏の邸宅は壮麗で、長崎に上使下向の折にはその宿舎に指定されるほどであった。

往時酒屋町に在りし帰化唐人魏九官の邸宅は壮麗なるものであった。その構内には東京（とんきん）国王より魏氏に贈りたる釈尊の像を祀れる仏殿さえ在った。庭石のうちにも遙々（はるばる）唐土より長崎へ運び来りしものも少なくなかったと言い伝えている。（中略）また魏氏の建物の木材のうちには唐土より船載したものもあったと言う。魏氏は帰化して後、姓を鉅鹿と改めた。（中略）安永四年火災のために其家屋が悉く焼失した際には、木材の異香が空高く薫りて遠き町々にまで及んだと言い伝えている。（『長崎市史風俗編』）

この話は『魏氏由緒書』によっているが、これも現在所在不明である。重豪の訪問は安永四年（一七七五）の火災前で、壮麗な邸宅と中国伝来の庭石を持つ庭園も存在したのである。重豪訪問の前年明和七年五月の崇福寺中興開山唐僧即非禅師の百年大遠忌に際して、太左衛門は寄進額の最高四十三匁を母・弟と三人連名で寄進している。崇福寺筆頭檀家として羽振りのよかった時代である（宮田安『長崎崇福寺論攷』）。司馬江漢は天明年間同邸を訪問したが、既に焼失後であったことを記している（『西遊日記』）。

福田十郎右衛門

ついで福田十郎右衛門とは、当時の町年寄福田徳栄のことと思われる。徳栄は寛延元年町年寄末席、宝暦五年一代町年寄、ついで明和五年に世襲町年寄となった（『長崎年表』）。このころ長崎奉行は二名いたが、一年ごとの交替勤務で、町政の実権は町年寄が握っていたので、町年寄の権勢は強大であった。地役人の監督・町政処理のほかに、長崎会所の調役（しらべやく）として対外貿易の業務にも参画したので、その屋敷は最も狭いもので約六百坪

（約二千平方メートル）、最も広いものは約千四百坪（約四千六百平方メートル）ぐらいの広さを有していたといい（『長崎市史風俗編』）、邸宅は五千石の旗本屋敷より壮麗で、生活は十万石以上の大名に匹敵するとさえいわれた。町年寄はこのころ七家が年番で町政を担当していたが、恐らく福田はこの年の年番担当だったのであろう。このように重豪は、有力町人・町年寄家等をも訪問して親善を深めるとともに、彼らを通じて中国文化に接したのである。

向井斎宮

向井斎宮は、儒者で医学・天文学・本草学等にも造詣の深かった向井元升四代目の子孫である。元升の二男は芭蕉十哲の一人として有名な向井去来である。長崎では正保四年（一六四七）向井元升がわが国で初めて聖堂を創設し、一時中絶したが、その三男向井元成が聖堂祭酒に就任してから儒学が盛んになり、以後代々向井氏が祭酒を世襲するようになった。聖堂の中には、正徳元年（一七一一）明倫堂という講堂が建てられ、ここで儒学が講ぜられた。斎宮は明和三年から祭酒であったが、わが国でも早い時期に出来た長崎聖堂は、二年後に鹿児島に聖堂を造る重豪にとって、大きな参考になったことと思われる。

今村源右衛門

今村源右衛門は、諱（いみな）は明生（あきしげ）で、祖父の時からオランダ通詞を勤める家柄であった。明生の父英生（ひでしげ）は宝永五年宣教師シドッチを新井白石が調べた時、通訳をつとめた人で、その後通詞目付まで進んだ。明生もオランダ語にすぐれ、九歳の時稽古通詞になり、明和八年のころは御用方兼大通詞目付上座をつとめていて、たまたまこの年は長崎の年番通詞であったので（片桐一男「年番通詞一覧」『年番阿蘭陀通詞史料』所収）、重豪のオランダ商館見学等の案内をした。

明生の妻すなわち政十郎の母は、「松平薩摩守様御用達」であった服部政太郎の養女で、実父川畑甚六は政太郎の弟で、薩摩にいたという。元来この服部家は代々鹿児島の人で、政太郎の先代で服部家五世の祖武右衛門政実が、長崎御用代となって長崎に行ったのが初めだという（『藩法集』8・『今村家由緒書』・『吉村迂斎詩文集』）。恐らくこの服部家との縁組が、今村家と薩摩藩との結びつきの端緒となったのであろう。

政十郎は諱を真胤といい、重豪が長崎を訪問する直前の同年四月に、父明生の書いた『今村家由緒書』に、政十郎のことを、

倅（せがれ）松平薩摩守様家中、薩州へ引越罷在候、

とあることから、それ以前薩摩藩に仕えていたもののようである。『追録』によると安

永六年高三十石とあり、『由緒書』はその後百五十石、職禄若干を賜わったと記し、また名を競と改め重豪の子斉宣の時代まで仕え、中郷（ちゅうごう）（川内市）や吉松（姶良郡）の地頭を経て、鎗奉行になったという。政十郎も初めはオランダ語の知識をかわれたのかもしれない。

五　唐四カ寺・オランダ商館等を訪問

興福寺　福済寺　崇福寺　聖福寺

次に重豪が参詣した四つの寺院は、唐四カ寺と呼ばれる中国系の黄檗寺院である。興福寺は揚子江下流域出身者の菩提寺で、南京（なんきん）寺の俗称があり、福済寺は福建省泉州の唐船主たちが帰依し、泉州寺ともよんだ。崇福寺は福建省出身の在留唐人が建立した寺院で、福州寺ともいわれ、明僧隠元は来日後興福寺とともにこの寺にも一時晋山した。また重豪が伏見藩邸に招いた万福寺伯珣も、二十六年間崇福寺住持を勤めた。以上三カ寺を唐三カ寺と呼び、その住持は中国人に限られていた。このほか鉄心の創建した聖福寺（広東寺）を加えて、唐四カ寺と呼ぶが、数ある長崎の寺院の中で、重豪が参詣したのが、これら黄檗系の唐四カ寺だけであったということは注目に値する。前年伯珣を招いた時、恐らく伯珣から長崎についての知識を得ていたであろうし、この唐四カ寺もその推薦であろう。しかもそれは重豪の中国語・中国文化への関心の深さと無関係ではない（『黄檗通代譜略』・『黄檗山歴代記』・原田伴彦『長崎』その他）。

したがって当然唐人館をも訪問した。ここは幕府が元禄二年（一六八九）唐人居留地としてつくったもので、中国貿易の拠点でもあった。

出島オランダ商館

さらに日本の中の唯一のヨーロッパ「出島」を訪問したが、その時の様子をオランダ商館日記は、次のように記している。

九月四日（旧暦七月二十五日）正午過薩摩侯われわれの出島に視察に来られたから、フェース君と余とは同侯を門の処に於て出迎え、われわれの室へ案内したが、同侯のお望みもあったので、和蘭式の昼餐（ちゅうさん）を差上げた処、快く之を受けられた。そうして

崇福寺三門（長崎市）

ブルグ号乗船

少時（しばらく）満足気にここに居られた後、ブルグ号へ乗船並に船内視察の為にここを出発。用済（ずみ）の後われわれは再び出島の門にまで見送った。これが為本日は他用をなす遑（いとま）がなかった。

また八日（二十九日）には、

午前薩摩侯第一書記官が視察の為に、余が室に来られたので、われわれは鄭重（ていちょう）に接待した。少時ここに止まった後、稍（やや）満足気にブルグ号に乗船視察に行かれた。（今村明恒『蘭学の祖今村英生』）

とあるが、この第一書記官とは家老樺山左京のことである。この時重豪を接待した商館長はアルメノー（D. Armenault）で、右の今村氏の訳文にフェース君とあるのは後任商館長のフェイト（Feith）で、ブルグ号に乗って来日していたものである。重豪はその後数多くの商館長と親交を結ぶが、アルメノーやフェイトはその端緒を作った人といえよう。

この明和八年（一七七一）こそは解体新書グループが発足した年として、わが国の洋学発達史上記念すべき年であった。重豪自身もこの年の長崎訪問が、その後文政九年（一八二六）シーボルトとの会見に至るまでの、半世紀余の蘭学修業の道程の上で画期的な年であったといえよう。正に奇しき符合というべきである。

六　鷹狩と散楽

大信公神道碑は、重豪の治績を述べたあと、

> 公傍らに伎芸を習う、書・画・剣・銃・馬・鷹・典礼・医薬・散楽・漢音・蘭説等の如く、精通する所多し、

と記している。長命かつ積極的な重豪であってみれば、このように多方面にわたって多芸多趣味であっても無理はないが、このうち宝暦・明和のころ特に眼につくのは、前述の「漢音・蘭説」とともに、鷹狩や狩猟・散楽を殊のほかたしなんだことである。

鷹狩を好む

重豪晩年の編纂物『鳥名便覧』の例言で、重豪は次のように記している。

> 鷹類ヲ馴養スルハ仁徳帝ノ御代ニ鷹甘部ヲ建ラレシヨリ連綿トシテ王公ノ遊玩ト成リヌ。余モ少年ヨリ放鷹ヲ好ミ鷹鶻ヲ馴養スルコト既ニ久シ。(中略)昔年嵯峨帝ノ鷹経ニ倣テ一書ヲ著シ遺忘ニ備ヘタルノミ。

と少年時代から放鷹を好んでいたといい、また鷹経にならって一書を著わしたという。

将軍家治、鷹を下賜

その放鷹についても、たとえば宝暦十一年（一七六一）鹿児島への初入部の節、九月二十二日谷山（鹿児島市）、同二十七日伊敷（同市）で鷹狩をしたのをはじめとして、同月二十九日、十月三日・九日・二十三日・二十八日、十一月七日・二十六日と、吉野（鹿児島市）・荒平（姶良郡蒲生町）などで狩を行ない（十一月二十日から二十二日の桜島行きも狩か）、さらに翌十二年正月六日尾畔（鹿児島市）で鷹狩、同月九日・十三日・二十二日と荒平・吉野で狩を行なって、二月四日発足参府した。

また次の年の宝暦十三年（一七六三）の帰国の折や、その翌年の参勤の際には、九州路で道中鷹狩をやりながら往来している。そのため小倉・福岡・久留米・柳川・熊本の沿道五大名に依頼して、その領内での鷹狩の許可を得ている。重豪が鷹狩を好んでいることが将軍にも聞えて、将軍家治は安永九年十一月一羽、天明三年にも二羽のすぐれた鷹を下賜した。天明三年には重豪はその鷹を使って十一月十二日谷山（鹿児島市）、十四日から田布施（日置郡）で放鷹を行ない、田布施には長く滞在して、二十八日とうとう鶴を得て、それを江戸に送って将軍家に献上、十二月六日鹿児島に帰って来た。ついで十二日から加治木（姶良郡）・加久藤（宮崎県えびの市）等で放鷹を行ない、加久藤には十四日から滞在して二十九日帰城した（『追録』）。

後年のことであるが、文化五年（一八〇八）の近思録くずれの時、樺山主税らの廃止した諸郷鷹場を復活しているが、それによると鷹場は小野・草牟田・田上・谷山（以上鹿児島市）、伊作・田布施・阿多（以上日置郡）、加世田（加世田市）、加久藤・飯野・馬関田（以上宮崎県）等である。このように重豪が鷹狩や狩を好んだということは、将軍吉宗が鷹狩を好み武事を奨励したのに似ている。しかも島津家では、前述の如く重豪以前の数代の藩主が健康を害し、特に叔父宗信と父重年が若死にしたこと、重豪自身もあまり体が強健でなかったらしいことなどから、鷹狩や狩あるいは馬術等の如き野外活動に心がけたのではないかと思われる。

これにはあるいは浄岸院のすすめもあったのではなかろうか。重豪は江戸城への登城を、幼弱あるいは微恙などの理由で、よく家老などに代行させている。宗信や重年の場合でみると、代理登城をさせたことが皆無というのではないが、努めて自ら登城している。それに比べると、重豪の代理登城は極めて数が多い。後年の重豪ならともかく、青少年時代から幕府に我ままがきくということでもなかったと思われるので、体が強健でなかったということは事実であろう。しかもこれにも浄岸院の注意が加わって、用心して登城を差控えさせたということが考えられる。浄岸院は宗信・重年と相ついで青年藩主の若死にを経験している。いま重豪がまたそのような不幸な運命に陥ることを憂え、その健康について並々ならぬ注意を払ったことは十分考えられるところである。それを克服する努力が鷹狩や狩であり、吉宗の場合を知っている浄岸院のすすめも考えられる。また後年の医学院や薬園の設置なども、重豪自身の健康に関係があるのかもしれない。これらの努力の結果が、重豪をして八十九歳という長寿を保たしめたということではないだろうか。

重豪の健康法

後年八十六歳の時（文政十三年）重豪は自分の健康法について、こんなことを言っている。「摂生の法は心を物表（世間の外）に遊ばして日を渉るを以て要となす。」自分はかねて書画・文房・古器・金石・草木等をたしなみ、また毛群（獣類）を養い、羽族（鳥類）に至っては少年時代から愛玩している。頒白の時に及んでその飼育法もますますくわしくなり、春の朝、秋の夕暮れにそれらの鳴き声を耳にし、羽毛の抜け変る色を見ては楽しみ、日の長さを忘れている。いま八十歳を越してもいよいよ倦きが来ない。古人はきれいな鳥の声を聞けば、心が喜び体が自然と軽くなると言っている。まったくその通りである。自分はかつて漢人や蘭人の言を伝聞しているが、それは常に鳥類を飼育し、その鳴き声を聞いて耳目をさわやかにすることが、天寿を養う方法だと。だから自分は常に鳥獣を養って健康法としているのであるといっている（『鳥名便覧』自序）。重豪がいかに健康に留意していたかがわかる。

また重豪は、早くから散楽（さんがく）（猿楽、能楽のこと）を修業した。宝暦十一年初入部の折、十一月四日「公族以下諸有司に食を賜わり、散楽を観る」（『近秘野草』等）とか、同二十五日「諸士、食を献じ、散楽を奏す」とともに、翌十二年（一七六二）正月四日には「散楽、親しく羽衣を舞う」とある。恐らく宝暦四年父重年に伴われて初めて出府してから、同十一年の初入部までの十歳代前半の時代に、散楽を修業したのであろう。もちろんその後も、たとえば宝暦十二年正月六日「宝生大夫を召して親しく翁舞を受く」とある如く、散楽修業を続け、同年十二月二十三日には、鹿児島で「散楽、親しく井筒及び天狗舞をなす、年忘れの宴なり」と、忘年会で親しく舞を披露した。

その後も祖母嶺松院（重年実母）のために宴会を開いて（宝暦十四・二・二十七、鹿児島）加茂を舞い、明和二年（一七六五、二十一歳）十二月四日の如きは卯刻（午前六時）から翌日の卯刻まで一昼夜ぶっ通しで散楽を催し、およそ能二十番、狂言十番を試みた。また翌三年八月二十五日芝邸に松平安芸守（広島藩主、浅野宗恒）・伊達遠江守（宇和島藩主、村候）その他を招いて散楽を行ない、同年十一月五日は前述の如く林大学頭（信言）をはじめ深見新兵衛・橘隆庵（元周、医師）らを茶亭に招いて、卓子小宴を催した。この時は散楽は行なっていないが、側小姓相良長興や記録奉行児玉実門に、笙や琴を演奏させて余興としている。さらに同四年正月十三日、江戸で散楽を講じ親しく「翁」を舞ったが、この時は松山侯（松山定静、その叔母信解院は島津綱貴の娘）が小鼓を受持った。このほかにもたびたび散楽を催しているが、これらを通じてみる時、具体的な修業の状態は不明ながら、早くからその修業に努め、神道碑の記す如く、散楽にも「精通」したものと思われる。

と同時に、鷹狩に必要な銃や乗馬をはじめ、書・画・剣さらには典礼・医薬等をも学んで、趣味豊かな人物に成長していったものであろう。口絵の重豪幼少時の絵をみてもなかなかの腕前である。この絵は重豪が幼少のころ、川上久欽の邸宅を訪れた時の作品であるが、この川上家は初め重豪の侍読になった川上久儔と同族で、同家には天文十四年同家三代忠頼の書写した、わが国最古の連歌新式が保存されていたことで有名である（現在鹿児島県立図書館所蔵）。久欽も若いころ連歌衆に抜擢されており、重豪にもこのことが何らかの影響を与えたであろうことは、前述の購入図書の中に和歌関係が多かったことからも推察されるところである。

第三　開化をめざして

一　身分秩序・言語容貌を正す

積極的な藩政の展開ははじまる

明和八年（一七七一）長崎訪問を終えた重豪は、海路、八月十八日鹿児島に帰り着いた。翌九年（安永元年）正月参勤出府するが、その間藩主としての積極的な藩政の展開が始まった。もちろんこれ以前藩政の推進につとめなかったわけではない。しかしそれは主として財政窮迫への対応策であり、そのようなことは必ずしも重豪に始まったものではない。しかし安永初年以来行なった重豪の施策は、極めて積極性に富み、かつ特異多彩であって、それは単に重豪にとってだけでなく、薩藩史上極めて注目すべきものを含んでいた。その端緒をなしたのが、長崎訪問に続くこのたびの帰国時と考えられ、後年まで異常なまでの熱意をみせる言語容貌（ようぼう）等風俗矯正の達しを出し、さらにその翌年創建する造士館等についても、場所その他の腹案が練られたものと思われる。

士民高下の礼節を正す

重豪はまず明和八年十一月十九日、家老以下諸役人を集めて、「士民各々高下の礼節を守れ」ということを達した。すなわち、

御当国の風俗、以前より致し来ると覚え候や、御役人軽重の差別薄き様にこれあり、余国の風義と相替り御気の毒に候、(『追録』)

として、薩摩では役人軽重の差別が薄い、他国では家老などの重役は非常に尊敬されている。重役の者が自分から権威にほこるのはよくないが、重役らしい職分が立てられるように、下の者としてはそれ相当のエチケットはあって然るべきである。またそれ以下でも、たとえば奉行のうちだれかが一－二段上級の役に転役したら、これまでの同役の者はさっそくその区別をたて、すべてていねいに取扱うべきである。無役の者はもちろんこれを敬うべきであり、転任した本人もそれ相当の権威をもつべきである。それが当国ではどうもそのようになっていないように見える。幕府の役人などは役柄軽重の別が厳然としているが、これはつまるところ将軍家に敬意を表していることである。幕府のようにはいくまいが、役職の高下をはっきりし、その順序を守って礼を失することのないようにすべきである。これに準じて、以下末々の者は身のほどをわきまえ、士農工商

の身分の区別をはっきりとし、末々の者が途中で武士に行きあったら笠や頭巾を取り、鑓を持たせるほどの上級身分の人には特に慎しんで通るよう、それぞれ支配下の家来や寺社家・町人・末々まで、頭人・主人からきっと申し付けよ。庶民はもの事の道理をよくわきまえないので、この意味を得心のゆくようにていねいに、頭立った者からいい聞かせよ。かねての礼儀の乱れが、結局身の破滅を招くことになる。まことに不愍なことである。ただ長年の習慣であるから、急にはなおるまいが、ゆくゆく改まるようよく吟味して申渡せというのである。しかし教育機関はもとより通信伝達機能の未発達なこの時代、風俗矯正などということを徹底させるのは至難の業であった。そこで頭人・主人等のほか与の組織や親兄弟、親類などまで動員してその徹底を期そうとした。

与の組織

与というのは城下士を区分した集団で、寛永十六年藩主光久が六与に分けたのに始まり、与頭が居て藩庁の達しを与中に伝達し、また与中の行動に注意して、紛争が起ればそれを裁決するというもので、一種の行政組織であるとともに士風維持の機関でもあった。この与頭の機能をも活用しようとしたのである。

江戸時代も一世紀半以上を経過した重豪の時代になると、戦国の遺風を残した粗野な士風や簡素な藩治機構は通用しなくなり、そこに近世的幕藩体制にふさわしい支配体制、すなわち文治主義的統治体制を確立し、藩の官僚組織を強固にすることが、緊急の課題と考えられ、その一つの手段が上下の礼節を守りけじめをつけることであった。

しかしいかにたびたび口達・申渡しをしても、それだけでこのような形式道徳の徹底を期するというのは、あまりにも人情の機微に反する。本気で徹底させようとするならば、何らかの外的規制が必要となる。こうして考えられたのが一つは造士館の設立であり、さらには職制や諸規定の制定であった。造士館や職制については後述するが、諸規定についてみると、たとえば下乗札・下馬札の制定や各種行動時の規制措置を定めた。すなわち一門家に殿中その他で出会った時は、そこに控えるかていねいに平伏せよとか、乗り物や馬で通行する時の、身分格式に応じた挨拶のしかたを細かく定めたりしているが、すべて高下の定めをはっきりさせるための方策であった。このことは重豪の施政の眼目として極めて重要な意味をもっていた。そこには封建的身分制の徹底をはかるとともに、他国におくれをとっている薩摩藩を、それに見劣りのしない藩にしようという考えが貫いていた。同様な観点から言語容貌にも大きな関心を払った。

言語容貌の矯正を命ず

まず明和九年（安永元年）正月次のように達した。

御領国辺鄙之儀候得者、言語甚不宜、容貌も見苦敷候故、他所之見聞も如何敷、畢竟御国之面目にも相掛儀ニ付、於御上ニも御気之毒に被思召上候。急に上方向程ニ者可難改候得共、九州一統之風儀大概相並候程之言語行跡ニ者可相成事候旨、兼々御沙汰之趣御家老中奉承知、御尤至極奉存候。依之向後人々此旨を弁、容躰・詞つかひ等相嗜之、他国人へ応答付而も批判無之様常々可心掛候。尤衣服之儀者被仰渡候趣候条、自他国之差別之外、分限を過候儀者可為無用候。

（『追録』）

文化の中心が京坂地方であった当時、理想を上方におきつつ当面の目標を九州一般の風にとして、言語容貌の矯正を命じた。

この容貌矯正については既に曾祖父吉貴も宝永二年十一月の条々の中で達するなど、先代から心がけていたが容易に改まらなかった。

薩摩武士の容貌などについては、重豪の時代に入薩した他国人の見聞記に、いろいろ記されている。たとえば安永四年入薩した筑前（福岡県）の儒者亀井南冥の出水兵児につ

兵児二才

いての印象記（『南遊紀行』）や、天明二年（一七八二）に入薩した京都の医師橘南谿の『西遊記』の、

薩州にはへこ二才といふあり。へこは兵士といふ事なりとぞ。二才とは若き男子を皆二才といふ方言なり。若侍は大かた此へこ二才なり。其風俗、鬢は十筋ばかりにて糸のごとく首筋に結び、衣裳の裾軽々しく膝をあらわし、肩ゆき又肘を見るばかりにて、三尺余の長かたな（刀）に、わり鞘とて鯉口の所のむねの方に三四寸斗、鞘をわりて傘のはじきのごとくにして、長き刀をぬきやすきやうにしたるを落しざしにし、差添は前の方に横一文字にさし、腰には鹿の皮、或ひは熊の皮などにて尻当を下げ、五七人づゝ打連てさゞめありく。其勇気火のもゆるがごとし。所の人もへこ二才とておそる。

という記述、またその翌三年、日向路から大隅・薩摩を歩いた備前（岡山県）の地理学者古河古松軒の、

外城に在宅して薩州の地をはなれざる士は、其容体土佐絵にうつせし士のごとく、長き刀に脛も見へるやうの短き袴にて、言語も国なまりとて解しがたく、いかにも

古しへの武士はかゝる風俗ならんと頼母しき体なり。（『西遊雑記』）

という記述にみる如く、他国の人には特筆に値するものであった。古松軒によれば、さすがに「東都へ両度も参勤して上方筋の風俗を見し士は、中国筋とさしてかわりし事も」なかったという。実地・体験による教育が最も効果的であることを示している。

重豪はさらに安永二年（一七七三）帰国の途中、出水兵児の長刀を帯びるのを禁じた。その理由を何事も質素にといっていて、必ずしも見苦しいとか決して持ってはいけないとは言っていない。ただその折同時に、出水そのほかの武士や百姓の、鬢（びん）の見苦しいのを改めよと達している。南谿の記したような鬢があったからであろう。

言語―鹿児島語の難解さについて、松浦

薩摩兵児の図

（鹿児島県立図書館蔵『大石兵六夢物語絵巻』より）

松浦静山の説

静山の『甲子夜話続編』に次のような話がある。寛政八年琉球謝恩使が江戸に上った時、休憩をした品川の釜屋の妻が言うには、琉球の「正使の前には出ざりしが、下官の輩には親しく逢たるに、其言ば（葉）薩州の初て来れる者よりは能く通じて、一切此国の人と言合（話し合う）に違わず」と。また琉球使節が上野寛永寺に参詣した時、門前の道具屋に立寄った琉球人の語として、「近けれど薩州下人の語は通じ難し、遠けれどこの都の語は能く其国の言語に通ず」と。下人の鹿児島語は、同じ領内といわれる琉球人にさえ通じにくかったという話で、その難解さは今日でも同様である。

容貌の不敬言語の不通は藩の外聞にかかわる

ただこの矯正は当時の条件下では至難の業で、さすがの重豪も後年まで繰返し矯正令を出す以外に手段はなかった。ではそれほど重豪が固執した意図は辺境性の脱却ということだけだったのだろうか。後年文化十年（一八一三）九月の達しの中に、

> 第一江戸においては分而家柄重役之者者、登　城之節、御目見も被仰付事候得者、いかにも不敬之容貌、且御役人衆相対之節、言語不通之儀も有之、何分国家之外聞にも相掛事に候。（『追録』）

平和時の倫理

とし、続けて戦国乱世の時代には軍事的功績が第一で、異様に見える者を器量のある人

物と褒めそやし、事の善悪にかかわらずよいこととしたが、今の時代は大いに違うとたしなめている。しかも家柄のよい者は将来重役にも任命されるのであるから、人々から尊敬を受けるについて、文武の心得はあっても不容貌不言語では済まない。戦国乱世と平和の時代の違い、しかも平和の時代にはたとえ文武に勝れていても、不容貌不言語では通用しないのだという、平和時における新しい倫理の確立を求めていたのである。

二　諸士の行動を正す

戦国の遺風一掃をはかる

同様な意味でいま一つ重視されるのは「行跡」、すなわち行動面の規制である。喧嘩口論・夜行辻立等粗暴な振舞が多かったので、これを直そうというのであるが、既に江戸時代にはいって一世紀半を過ぎた明和年間、薩摩の士風が戦国の遺風を残していることを、重豪は問題だと考えた。夜行辻立とは夜歩きをし道路四辻に立つことであるが、特に無用のかつグループによるものが風俗をみだし、時に喧嘩口論の原因になることを嫌ったのである。既に早く宝暦六年（一七五六）重豪襲封の直後、幼少のため幕府から国目附が派遣されたが、その時喧嘩口論・夜行辻立をやめよ等を含む達しを出しているが、これには重豪の意志がどれほど加わったか疑問である。それに比べると明和七年（一七七〇）正月、参勤出発を前に出した申渡しは注目に値する。まず、

与中の者共行跡相直らず候につき、当在国にも段々申渡す趣もこれあり候えば、その詮も相立つべきの処、却って頃日は度々喧嘩を致し候者これある由相聞え、然るべからず候。喧嘩口論禁制の儀は公儀御法令にも相見え、且つ亦短慮の働きいたし理不尽に事を破り候者は、成敗を加え所帯を没収すべき旨、毎朔之条目に載せ置き候。（『追録』）

と喧嘩口論は公儀ならびにお家の御法度であることを強調し、それにかかわらず若気の至りで喧嘩や殺傷のやまぬことを戒め、今後無法な喧嘩の張本人は厳重に取調べて、その身は凡下におとし相手の死体は取捨てにする。事によっては親兄弟の所帯も没収する。たとえ末々の者を打果した時でも理不尽の場合はきびしく処罰するとした。その中で特に若者たちが今日まで成長したのは、第一国恩、第二に父母の大恩によるものである。したがって身勝手な振舞いをせずもっぱら忠勤をはげみ孝養を尽すべきであるのに、そのことをわきまえず喧嘩をし無礼法外なことをして喧嘩の張本となるなど、まったくも

って不忠不孝の罪人であると戒めている。重豪自身五倫五常の道を尊ぶ儒教的教養の中に育てられており、その施政・行動の規範が儒教倫理を中心とするものであったのは当然のことであったろう。

この重豪の申渡しをうけて、家老樺山左京・小松帯刀は与頭（くみがしら）に対し、与ごとよりもさらに細分化して郷中（ごじゅう）（地域）ごとに青年たちに教訓せよ、その時文武指南の教師をも活用せよ等と具体的な指示を与えた。

この夜行辻立・喧嘩口論の禁止は既に藩政初期家久も戒め、光久も慶安三年・宝永二年等の達しで平和時の新しい忠誠のあり方を提起し、宝永三年（一七〇六）四月毎朔の条書十一条を定めて与頭に配布し、毎月朔日あるいは式日に与の士を集めて読み聞かせるようにしていた。それを重豪はさらに熱心にその矯正を命じたのである。

鹿児島での橘南谿の経験談

ところで橘南谿は鹿児島滞在中の経験として、次のような話を記している。

鹿児島下町の小山伝左衛門の家に宿泊中、隣家の丸山千七という町人の話である。千七は二十一歳で、島津又七郎という大家の若党と口論して恥辱を受け残念に思っていたら、その若党がまたも千七の家に来てさんざん辱かしめた。残念でたまらない千七はそのあとをつけて行って、町の四辻で声をかけ後から切倒した。一太刀も返す余裕もなく倒れた若党は、戸板に載せられて主人の家に送り返され治療を受けた。半月もすると一命を取りとめて治癒の見込となった。しかし親類中の話合いで、町人にうしろ手を負って送り返された者は、命が助かっても世間の笑い者になり、主家の恥になるだけだから、生きて詮ない命、ここで潔く切腹をさせたほうがよかろうということになった。本人も当然と考え切腹して死んだ。千七も若党が死んだと聞いて、相手が死んだ以上自分も死ぬのが当然と、これまた切腹したというのである。このように薩摩は「勇気をたっとび臆病を笑うゆえに、武士町人百姓ともに喧嘩甚だ多く、切り死にする者一月の中には数十人なり」という。天明二年といえば重豪治世のまっ最中である。前述の明和二年の布達から十二年後で、南谿も重豪の施策を聞き及んでか、次のように記している。

> 天明の頃は太守仁徳を専にし給ふゆへに、小事に喧嘩を起し一命を落す者多きを甚にくませ給ひ、私の喧嘩を起し命を軽ろんずるは不忠第一なれば、此以後は喧嘩を起し刃傷に及ぶ事は急度致すまじき由、きびしく仰出されしにより、近年大かた静まりしよし、

と。しかしそれでも「予が纔に百日余りの逗留の間にも、切腹に及びし者六人までぞ有りし」ということで、禁令の効果は現われたとはいえ、平和の時代に約半月に一人の割で切腹者がいたということは、驚くべきことである。ただその後の動きとして、この一両年は匹夫の勇にほこるなとの藩主の厳しい禁令で、喧嘩沙汰も止んだそうだとの風聞を伝えている。同様なことは、天保六年（一八三五）藩主斉興の供回りの中に加わって鹿児島にやって来た、江戸の講談師伊東凌舎もその著『鹿児島ぶり』の中で次のように記している。

伊東凌舎の見聞

一、兵子の衆と申若士、ヘコニサイととなへ、むかしは大奴にて、はかまはひざ切、ゆきはひぢの見ゆるばかりに致し、白木綿の帯をしめ、打連歩行候。町方、在方は甚手に余し申候に付、（重豪）三位様御代きびしく仰あり、江戸の鳥羽絵と申者の通なれば、風俗甚よろしからずとて、毎月頭の宅へ呼、鬢の風其の外風俗改御座候。且、あばれ歩行候義等も、厳敷御制し御座候由、当時にては和らぎ候義にて御座候。乍併折ふしは見かけ候。甚きみ悪敷候。右風俗改を容ぼふケンブンと云。（「鹿児島ぶり」『日本庶民生活史料集成』九所収）

風俗の粗野は党弊を生む

すなわち「当時にては和らぎ候義にて御座候」というが、それでも時折あばれ者がいて他国者の凌舎などには、たいへん気味が悪かったというのである。

だから重豪在世時にはなかなか徹底しなかったのであろう。文化五年六月次のように達した。

領国中風俗之儀ニ付而者、先年以来度々申渡趣有レ之候得共、頃日に到り其詮も無レ之、城下に而向々与を立、元来同朋輩之事候処、他与之者ハ他所之者之様相隔候風儀有レ之、年若面々夜行辻立等之儀も不二相止一趣相聞へ、畢竟右通風俗不レ宜　所より、全躰一和不レ致、党を結候事にも成立、仕置之妨ニ相成、不レ可レ然事候。依レ之大身小身共ニ第一兼而定置候作法を相守、分限相応夫々身分を慎、専国中静謐之儀を心掛、一統ニ致二和熟一、若輩之者共ニも喧嘩口論者勿論、徒ニ夜行辻立等禁止之趣、其外言語容貌等之儀迄も申渡置候通忘却不レ致堅相守、屹と風俗立直候様取計、受持之役々ニも無二緩疎一諸取締行届候様可二心掛一候。（『追録』）

これは近思録くずれ直後の達しで結党禁止に重点があったが、それも要は風俗の乱れから起るのだとして風俗の矯正を命じたものである。こういう通達は前後枚挙に暇がないが、風俗矯正とは、近世的封建体制維持の観点から、それに即応した官僚制と平和時の行動倫理の確立、及び薩摩の辺境性の克服という理念から発したものといえる。

三　町家の繁栄をはかる

城下繁栄をはかるため他国町人の入国永住縁組みを許す

辺境性の克服を志した重豪は、そのためには薩摩藩の孤立閉鎖的性格を打破しなければならないと考えた。特にそのため他国町人の入国を自由にするなどの方策をとり、それにより町家の繁栄をはかろうとした。そこで明和九年（安永元年）六月次のような達しを出した。

一、町家の繁栄は、商人がたくさん集ることから賑かになるのである。今後城下に他国商人が入り込み、もし永住や縁組みを希望する場合は望みにまかせる。上方や他国から奉公人を雇い入れることも許す。

ただし、奉公人を抱えることは町人に限らず、何人にも勝手次第に許す。

一、町家の者は現在も上方や長崎に出かけているが、今後も他国に出ることは自由で、伊勢参宮なども差障りのない限り許す。（『追録』）

そしてさらに翌年四月には、

一、薩摩藩領内のどこの温泉にでも、他国者がやってくることは構わない。

一、諸事指南のために他国の女でもやってきて構わない。

一、神社寺院の開帳を願い出たい人は、誰でも願い出よ。

一、諸事願い事について、これまで支配頭から差留めることがあったそうだが、今後は何事によらず差留めないから願い出よ。(『三州御治世要覧附録年代記』)

一、鹿児島で花火打揚げ、船遊び等をすることも勝手次第である。ただし異様なことはやってはいけない。(『追録』)

また五月には城下での煮売りや酒類その他湯水商売を許すとか、六月には武士・町人の男女たちが、夏冬ともに足袋を用いることを許すなどと達し(『追録』)、さらに同月四季羽織を使用せよとか、城下士および町人の女たちが、髪をつくりというのに結う事は禁ずる、すべて上方風に結え、外城士も同然、百姓は他国の百姓の妻や娘たちと同様に結髪せよ、帯も広帯を用いよ等と、次々に開放的な施策を令達した(『三州御治世要覧附録年代記』)。

繁栄方をおく

このような領内繁栄を策するため、特に繁栄方（はんえいほう）という役所を設け、五月十五日（安永二年）家老島津久金・山岡久澄を担当者とした。

同年城下に時鐘をかけ、五月三十日その初鐘供養を行なったが、鹿児島海岸では毎夜花火があがり、船遊びの茶店がたった。また八月初めから冬にかけては、上築地・西田町・南林寺大門口に歌舞伎がかかるなど、俄然鹿児島の城下町も賑やかになってきた。前述の言語容貌矯正令などは遅々として効果が上らなかったが、繁栄向きの令達は効果覿面（てきめん）、重豪は同じ安永二年十一月次の意味の達し（『追録』）を出さねばならなかった。

武士の惰弱を戒める

今年の夏から繁栄を策したが、何を取違えたのか上下の風儀が惰弱になった。そもそも繁栄を策したのは、近ごろ下々が困窮して商売も少なくなり、町家もだんだん衰えて城下町の賑わいがなくなったので、下々を救うために繁栄をはかったのである。それなのに心得違いをして武士が遊興にふけり、中でも年若い連中までそのようになったという。元来城下士どもが忠孝を心がけ日々慎しみの心を忘れないようにと、先年から言語容貌等も注意し、今度は士風を興起するようにと聖堂を建て、諸稽古を怠らぬよう申付けたのに、逆に惰弱になるとは不届至極である。大体家老など重役はその任務をよく考え、聖堂創立・繁栄方設置の趣旨を弁えて、それぞれ職分を守り上下の差別を厳重にし、武士の風儀は質朴に、一般庶民は繁栄するよう取りはからわなければいけないというのである。

元来繁栄方は町人の繁栄を願ってのことであったが、重豪の趣旨に反して武士の風俗が惰弱になった。ことほど左様に鹿児島の風俗が繁華に向ったということでもある。繁栄方設置から九年目に入薩した橘南谿は、

近き年はようように他国の人も往来するように成りて、器物抔も好事の家には当世の品調え持てるも間々あり。又下女、はしたなどは今に丸ぐけの帯なれども、妻娘などは帯も幅広くなり、髪形も漸上方を学ぶ家もあり、(『西遊記』)

頼山陽鹿児島の紛華に驚く

と風俗の変遷を記している。同じく四十五年後の文政元年(一八一八)に入薩した頼山陽は、備後(岡山県)の詩人菅茶山への手紙に、

驚入候は鹿児島の紛(粉)華に御座候。其謀国の拙笑うべき事のみに御座候。大隠居院中の政にて、後白河も啻ならずと相聞え候。万々帰路に申し上ぐべしと、是のみ相楽しみ居り申し候。(『頼山陽書翰集』上)

と書き、茶山も山陽から聞いた話だとしてその著『筆のすさび』の中に、次の如く記している。

近頃は芝居も常にあり、上方問屋といふ家五六あり、上方の歌妓百人ばかりもわかれ宿して、日夜出でて技を売り、士人の家にも往来す。他処にておもひやりしに異なり、士人に容貌言語仕付方などいふ職ありて、風俗をたゞすこと、これも近頃始まりしよしなり。

上方芸者が百人ばかりもいたという。同様なことは、それから十七年後の天保六年入薩した江戸の講談師伊東凌舎も、

三位様(重豪)思召を以て、人気和らぎ候様にと、上方よりあまた芸子御下し、百七拾人程も有之候由。(『鹿児島ぶり』)

と記している。しかしこれについては、

近年あまり騒々敷、且武家若年の面々心得違等も御座候故、多は帰国仰付けられ、夫れ故近年すくなく相成り候。併しながら上町・下町にて弐拾人も御座候。亦鹿児島出生にて地芸子ゆき・むめ等をはじめ、壱分(壱方)の芸子も六、七人も別に御座候。

山陽兵児謡をつくる

という。

このような薩摩の粉華について、山陽は後年次のような兵児謡を作って罵倒した。

蕉衫雪の如く塵を愛まず、
長袖緩帯都人を学ぶ。
怪しみ来る健児語言好きを、
一たび南音を操れば官長嗔る。
蜂黄落ち、蝶粉褪せ、倡優巧みに、鉄剱鈍し、
馬を以て妾に換え髀肉を生ず、
眉斧解剖す壮士の腸を。（『頼山陽詩集』頼山陽全書所収）

山陽は薩摩の風俗を、純然たる古風で質実剛健の姿と予想していた。それなのに長袖緩帯の上方風で、薩摩固有の南音（鹿児島語）を使わず、上方言葉を操っているのに大きく失望したのである。だからこの時同時に次のような前兵児謡を作って、彼の理想とする薩摩武士の姿をうたった。

衣は骭に至り袖腕に至る、

腰間の秋水鉄をも断つべし。
人触るれば人を斬り馬触るれば馬を斬る、
十八交りを結ぶ健児の社。
北客能く来れば何を以てか酬いん、
弾丸硝薬是れ膳羞。
客猶属饜せずんば、
好するに宝刀を以て渠が頭に加えん。（好は好貨）

兵児謡とは、関ガ原役敗戦後、肥後国の加藤清正が薩摩に攻めて来るという風説があった時、肥薩国境大口の地頭新納忠元は、士気を鼓舞するために数え歌を作って兵士に歌わせた。その数え歌である。その第一番目は、

一つとや肥後の加藤が来るならば、焔硝肴に団子会釈、それでも聞かずに来るならば、首に刀の引出物、

というのであるが、これを訳出したのが前兵児謡である。古風維持に美しさを見出す感慨は、決して外来の客山陽だけでなく、薩人の間にもあった。それについては後述する

が、士風の頽廃が必ずしも重豪の本意でなかったことは前述の通りで、重豪その人は極めて豪気な人であった。松浦静山は次のような話を伝えている。

> 松平栄翁人となり豪気あり。一日ある席にて越侯と相会し、何か興に乗じて栄翁云は、若今一戦に及ん時あらば、我軍卒を率ひ、一方を指揮せば、人に後は見せじ、と威猛だかになつて云はれければ、越侯甚だ恐怖して、潜に余人に向ひ、彼人は重て相会する人に非ずと云ける。坐客指て越侯の怯懦を笑しとなり。今の武家は此類の人多かるべし。(『甲子夜話』)

栄翁とは重豪のことで相手の越侯が誰か不明であるが、豪気な重豪は武士が軟弱でよいなどとは毛頭考えていなかったのである。

ただ以上の如き他国旅行者の見聞記は、花柳界の動きなどが特に強い印象を与える傾きがある。しかし繁栄策の正当な成果もみられる。たとえば、現在鹿児島市最大のデパートの創業者岩元家の始祖源衛門の動きである。彼は東北山形の紅花商人で呉服太物行商をも営んでいたが、大坂問屋と密接な交流をもつうち、重豪の居付き縁組勝手という商人招致策を知りさっそく安永元年鹿児島にはいり、呉服太物商を開始、そのまま子孫相うけ今日に至っている（『山形屋二百十七年』）。これなど重豪繁栄策の最も典型的な成果といえよう。

第四　職制を整える

治世三十三年間

　重豪は天明七年隠居するまで三十三年間藩主の座にあったが、当初祖父継豊が後見した。かつ継豊死去の前年宝暦九年（一七五九）重豪父方の叔父島津久峯に家老座出勤を命じて「御家老申談」（家老相談役）を勤めさせた。さらに継豊死去の翌宝暦十一年二月、今度は母方の祖父島津貴儔（たかとも）を家老座に出仕させ「上席に座して国事を与（あずか）り聞かしめた」（『国老用人記』『島津正統系図』）。こうして父方の叔父、母方の祖父二人を家老座に出仕させて藩政を推進させた。しかし貴儔は老年の故をもって十三年七月これを辞し、久峯も明和二年九月辞して国老の上座に列することになった。時に重豪二十一歳であった。

　ついで明和四年継豊以来四代に歴仕し二十年間家老を勤めた島津主鈴（宮之城二男家筋）が病死した。その翌五年七月には、重豪の襲封直後から十四年間家老職にあった高橋此面を、「旨に逆う故」（『島津正統系図』等）罷免した。この明和五年という年は、向う七年間の最初の倹約令を示達し、重豪が積極的な藩政展開に取組む年であった。したがって藩

安永・天明期は積極的藩政展開期

主親裁体制確立の第一歩ともいわれる。その後安永元年島津久峯が死に、以後安永・天明期にかけての積極的藩政展開をみせるが、この明和中期にその前兆はきざしていた。

職制整備

積極的藩政展開の一環として職制の整備が図られた。藩職制が整ったのは吉貴時代で、

> 此時分に定まった制度は、段々是までの薩藩の古風の振合いとは変りまして、多くは徳川家の制度にお倣(なら)いになりました。（『薩藩史談集』）

藩主専制支配体制

という。それを重豪はさらに補充整備した。主要なものは別表の通りであるが、このほか役職名の改称や職務権限の拡大または縮小がはかられた。特に奥掛諸役人の権限が著しく拡大され、藩主専制支配体制の確立がはかられた。側用人と近習役（安永九年側役と改称）は安永七年御眼代即ち藩主の代理とされ、諸役座・諸役人に対する監督統制が強化された。また安永末天明初期に座横目の人員・職掌が拡大され、糺明・仕置の権限が附与された。一方外城(とじょう)（郷）支配に大きな役割を果した曖(あつかい)・与頭(くみ)・横目いわゆる所三役の権限が大きく縮小された（黒田安雄「安永天明期における薩摩藩の動向」『地方史研究』一二〇号）。

郷士を城下士の下位に格付けする

また天明六年七月郷士は城下士より一段下位に格付けされた。郷士は以前外城衆中(とじょうしゅうちゅう)と唱えていた。衆中とは前代武士の通称で、外城とは鹿児島の内城に対し諸郷所在の城

新設職制表(『職掌紀原』より)

年代	職名
安永2(1773)	道奉行
4(1775)	作事(普請)奉行見習
6(1777)	物奉行見習・鷹匠見習・聖堂奉行(天明6教授)・講堂学頭(天明6助教)
7(1778)	鳥見頭
8(1779)	暦者
9(1780)	大番頭
天明元(1781)	鳥見頭格・鷹匠頭(山下・尾畔)・郡奉行見習
2(1782)	鑓奉行・弓奉行・鉄砲奉行・小納戸頭取・訓導師・句読師
3(1783)	庭奉行・磯奉行・鳥預頭取・普請奉行
4(1784)	講堂学頭格(助教格)・尾畔奉行
5(1785)	側詰・御膳所頭
6(1786)	小姓頭取・側目付・小納戸見習・右筆頭
隠居後	
天明7(1787)	隠居付茶道頭・都講・獄屋預・小十人頭
寛政元(1789)	馬預見習
4(1792)	薬園奉行

の呼称であった。義久時代秀吉の島津征伐の結果、九州一円にひろがっていた家臣団を一カ所に集めることができず、諸外城に分散配置した。それを国分衆・鹿児島衆等と郷名をつけて呼び、鹿児島士を特別扱いすることはなかった。このころまだ鹿児島が領主島津氏の固定的永住の地となるとはきまっていなかったからである。現に家久は慶長五年姶良郡瓜生野(姶良町)へ

の移転を考えたが、父義弘の反対もあって、これを中止している。

外城制維持の意図

ところが慶長七年鹿児島に城（鶴丸城）を築いてから、鹿児島が城下と定められ、甲突(こうつき)川の川筋を変えるなどの大工事をして城下町の建設が進められた。それでも初めは藩士を衆中と唱え、鹿児島城下に居住する藩士も、外城衆中と同様鹿児島衆中と唱えた。元禄年間までの諸書類に鹿児島衆中の名が見える。このことは元禄のころまで義久・義弘時代同様、外城制を維持したということである。このことについて寛永の幕府上使への答書には、九州一円にひろがっていた家臣団を一カ所に集めることが困難だったからと説明しているが、果してそのような消極的な意味だけであったか疑問である。むしろ島津氏としてはより積極的な意図をもって外城制を維持したのではないか。かつて太閤秀吉による島津征伐にあい、降伏という屈辱を余儀なくされ、十三年後に起った政権争奪劇のクライマックス関ガ原の戦いで、義弘は敵前退却という冒険をおかすことによって辛(から)うじて帰国できた。島津氏の存亡をかけた二度にわたる中央政権との衝突で、屈辱と冒険によりようやく危機を切り抜けた記憶は、薩摩武士の心底に深刻な影を落したと思われる。二度あることは三度あるという。たとえ元和偃武(げんなえんぶ)と平和時代の到来が宣言されたにしても、果して徳川政権がいつまで続くか確信はもてなかったであろう。また平和の到来についても同様である。現に慶長年間島津氏は、かつての二回にわたる朝鮮出兵のあとをうけて、琉球出兵という国外出兵を経験したばかりであり、寛永年間には島原の乱も発生している。まさか二世紀半もの長期間、平和を維持できようなどとは想像もできなかったであろう。こうして島津氏は一国一城令で外城の城郭は破壊したにしても、いつか起るに違いない中央政権の交代劇にそなえて、外城制という軍事的防衛体制の存続をはかったのではないか。したがってここに居住する武士も、あくまで本来の軍事的機能を主とする外城衆中であった。しかもこの外城衆中に、郷村の行政的機能まで掌握させることによって、軍事的防衛体制は一段と強化されたわけである。

文治主義的統治方針への転換と城下士の処遇

ところが五十年たっても百年たっても徳川政権の根幹をゆるがすような事態は発生せず、むしろ元禄文化はその安泰を証明するかの如く華麗さを競った。こうして薩摩藩政の統治方針もこれまでの武断主義的方向から、文治主義的方向への転換がはかられなければならなくなった。そこで吉貴時代の宝永・享保期から継豊の元文ごろまでにかけて、その切換えが行なわれたのである。こうして職制を整備し官僚機構を整えることによっ

外城衆中を郷士と改称、その意味

て、文治主義的統治方針の徹底がはかられた。このころになると城下居住士と諸郷在住士の取扱いにも変化が見られるようになった。まず宝永ごろから城下居住士を鹿児島士と唱えて外城衆中と差別しはじめる。それは享保ごろまで続くが、継豊晩年の寛保二年（一七四二）さらに鹿児島士を城下士と称することになる。鹿児島は藩内の一都邑から、名実共に他と並ぶことなき城下の地位を確立した。しかし外城衆中の名称は、まだ依然としてそのままであった。それを安永九年郷士または外城郷士、天明三年専ら郷士に改めた。在郷藩士の藩政上に占める位置は、軍事的なものより行政的機能が重視されることになったのである。こうして天明二年七月十日曖（あつかい）を郷士年寄と改称し、その二年後の天明四年（一七八四）四月外城の名を廃して郷と唱えることとした。「当分（現在）は城もこれなく候えば、郷と相改められ候儀当然に候」（『藩法集』8上）と、何気なく説明されているが、その実は軍事的イメージを持つ外城の名称をやめ、純然たる行政単位としての郷の名称に転換し、文治主義的統治方針の徹底を期したものである。さらにその二年後郷士を城下士より一段下位に格付けし、藩政の末端機構として組織化したが、農民統治に対する郷士の役割が大きい以上、郷士を農民身分にまで落すなどは思いも及ばなかった。

第五　文化施設をつくる

一　造士館・演武館

重豪は安永年間藩地鹿児島に、造士館をはじめ演武館・医学院・明時館等の文化施設を次々に創建した。

聖堂

最初に藩士の文武修養の場として、安永二年（一七七三）聖堂と武芸稽古場を造った。既に早く藩主光久に藩校創設の意志があり、家臣に検討させているうちに光久が死去して実現しなかった。それを重豪に至って実現したもので、当時九州には佐賀の弘道館（宝永五年）・熊本の時習館（宝暦四年）・小倉の思永館（宝暦八年）等八つの藩校（別に郷校四）があったが、大藩としては佐賀・熊本と小倉であった（笠井助治『近世藩校に於ける学統学派の研究』上）。この八校は九州における近世藩校の二割に当る。このほか幕府直轄地長崎に聖堂があり、重豪もそれを訪問したことは前述の通りである。いずれにしても重豪の企画は九州では早いほうであった。

下屋敷下の櫨林を伐り払って建築に着手するが、それについて入徳門と座の間を琉球中山王尚穆に、仰高門と供屋及び外繋を今和泉領主島津忠温に、講堂と控室を都城領主島津久倫に、文庫と張番所を種子島久芳に、それぞれ造営手伝いを命じた。工事は二月に着工して、四月十五日宣成殿の上棟式を行なった。藩士某の手記によると、

> 浄岸院様御弔ひ、物入り銀二百五十貫といへどもまづ三百貫ならん。諸士よりも寄付仰付、上下町にも、中山王・島津因幡・同筑後・種子島蔵人にも手伝仰付、当分日々千人以上人夫にて、大ふしん也。大工三百七八十人、かれこれ外六百人、士は聖堂七尺引あげ、桜島より六七十人にていて参る。（斎藤恵太郎『二十六大藩の藩学と士風』）

湯島聖堂に範をとる

とある如く大普請であった。こうして八月に工事完了し、二十九日に落成を祝う釈菜が行なわれた。今後は二月・八月の春秋二回釈菜を行なうのを例とした。その規模は五代将軍綱吉の時代に出来た湯島聖堂に範をとり、林家が顧問格で、五月には使番兼記録奉行児玉実門の依頼で林大学頭信言が「薩州鹿児島学記」を書き、それを刻んだ石碑が入徳門外に建てられた。橘南谿によると「本殿皆朱塗にて金銀の金物まばゆき程なり。講

堂も数百畳を敷て広大」であったという（『西遊記』）。さらに八年後の天明元年には聖廟の右（講堂の北）に学寮が建てられ、外城士以下の寄宿舎とし、月番の儒官を置いて輪番に宿直して学生に学業を授けた。これを直月寮といった。聖堂の名称を天明六年（一七八六）九月改正して造士館と称することにした。

聖廟とともに講堂があったのは、ここで教育を行なうことを考えたからである。安永二年八月の達しによると、与講釈を来月からここに移して隔日に講釈せよとある。与講釈というのは、当時鹿児島城下で室鳩巣門下の儒家が、与頭の家で儒書の講義をしていたのを指す（『三国名勝図会』）。この講堂の講義には与頭

（『三国名勝図会』より）

や城下士はもちろん、外城郷士にも聴講を命じ、その他家来や寺家も学問の志をもつものは末席から聴聞を申付け、また城下士の子供で講堂で素読をしたい者は自由に出て来い、と命じている(『藩法集』8)。この講義などのきまりについて次のように定めた(『追録』)。

講義の定書

定

一、講書は四書・五経・小学・近思録等の書を用ひ、註解は程朱の説を主とし、みだりに異説をまじへ論ずべからず。読書は経伝より歴史・百家の書に至るべし。尤不正の書を読むべからず。

一、専礼儀ただしくして学業を勤め、みだりに戯言戯動すべからず。

造　士　館

一、疑ひは互ひに問難すべし。専その言をゆづり、我意を捨て、人にしたがふべし。

一、古道を論じ古人を議して、当時のことを是非すべからず。

一、才学長ずるものあらば、ほめ進むべし。忌み悪む事あるべからず。

一、末々のものたりとも、学文に志厚き者は講義の席に加ふべし。

一、入学の輩字紙おしみ火燭を慎むべし。

というもので、さらに子供の素読について同年十二月特に九カ条の掟書を定めた(『追録』)。前者は入学の子供を対象としたものであるのに対し、後の九カ条は聖堂勤務の教官を対象としたものである。

学生は八歳以上の子弟を選んで入学させ、大体二十一―二歳までは在学したようである。掟書によると素読は講釈日は正午、講釈のない日は十時と時間をきめ、素読のあと習字をやらせる等細かく定めている。

さらに安永三年九月江戸において、聖堂では異学を厳禁する旨の達しを出した。それによると、表面程朱の学を尊敬しているようにみせながら、内心ではそうではないという事は、聖賢を愚弄するに等しい。だから講釈者はもちろん入学の学生まで、程朱の学を尊崇していっさい異学を交えてはいけない。学業の進んだ者はその長所に応じ向々の役所に任用する。特に今後記録方・唐学方には聖堂方から任用する。特別学業の勝れた者や偽学の者は申出よというもので、当時聖堂教官の中に偽学の徒がいたようにもみえ、これを厳しく戒告するとともに、今後藩庁役人には聖堂修学者を任用する方針を明示した。近世的封建官僚制の充実を志した重豪は、このような藩校教育を通じて藩官僚を養成しようと考えたのである。

造士館の運営

聖堂奉行

講堂学頭

学生の指導陣として安永二年八月、十余人の学官が任命され、児玉実門を使番記録奉行勤、山本正誼を記録方添役に任じて、学政を掌らせた。ついで同六年六月聖堂奉行・講堂学頭の制を設けて、山本正誼を聖堂奉行に、長崎通喬（鉄之丞）を講堂学頭に任じた。そして毎月十五日には聖堂奉行が御座の間で講釈するように定め、その時は大目附以上の陪席を許した。藩主在府の間は梅の間で同様にと命じ、藩主も修学に努めたのである。

その後天明六年（一七八六）十月聖堂奉行を教授に、講堂学頭を助教に改めたが、その間天明二年九月に訓導師・句読師をおき、さらに同七年八月都講、寛政九年十月習書頭取、同十年正月学校目附を設けて、学官の組織もだんだん整ってきた。

また安永二年十二月維持費として、重豪は銀三百四十貫を附与し、その利息で造士館・演武館いっさいの費用をまかなわせることにした。その附与銀を天明六年府学料と称することにした。

聖堂と同時に武芸稽古場を創設し、犬追物場を附設した。この武芸稽古場は造士館改称と同時、天明六年九月演武館と改称された。武術としては剣術・鎗術・弓術・馬術等で、それぞれの稽古場を造り十月（安永二年）完成したので、師範家二十二家を定め、十一月一日から日割をきめて稽古を開始した。

師範家にはそれぞれ各流派を取入れているが、このころは幕末にみるような兵学・柔術・鉄砲・大砲・火術等は、採用されなかったようである。

各稽古場には五カ条の掟を掲げ（『追録』）、礼儀や整理整頓の必要を説くと同時に、各流混交のこととて、他流を非議すべからざることを強調している。

二　文教政策への不満

しかし造士館の学風に対して人事上の不満ともからまる批判が起り、それがさらに重

山本正誼

豪の開化政策への不満ともかさなって、多くの反対者が現われた。前述の如く聖堂設立に当って、児玉実門とともに学政を掌ることになった山本正誼は、安永六年聖堂奉行、天明六年教授となり、その後三十五年間藩学の最高指導者の地位にあった。

山本は享保十九年鹿児島に生れ、通称伝蔵、字は子和といい、秋水と号した。初め高岡衆中出身の志賀親章、ついで山田有雄(君豹)について朱子学を学んだ。この両者はいずれも室鳩巣の流れを汲む朱子学者であった。その後山本は重豪に従って江戸に出て荻生徂徠門の大内熊耳にも学び、また当時の一流の学者に就いて知見をひろめたが、鳩巣学派と目されていた。そのころまでは郡山遜志が重豪の側近にいて侍読となっていたが、山本の学才はいつとはなしに重豪の認めるところとなり、遂に郡山に代って山本が用いられるようになった。児玉実門の推薦によるというが(『西南文運史論』)、また山本は重豪の寵臣市田貞英の父貞行と親交があったので、貞行の推薦もあったことであろう。貞行は重豪の側室於登勢(広大院夫人の生母)の父である。貞行は江戸詰として安永ごろから重豪に用いられていたから、山本は江戸で重豪に認められるようになった。聖堂創立の折は、山本より先輩の郡山蘭畹や反鳩巣学派の古学派川上嘉膳らの運動もあったが、遂に山本が責任者に挙用されることになった。その後山本門下の赤崎貞幹が天明三年助教に、石塚崔高が寛政五年句読師に用いられた。ところが山本門下で選にもれた人の中には不満があり、一人も採用されなかった川上その他の古学派は山本を嫉視していた。

それに重豪の開化政策に心よからぬ者がいた。言語容貌の矯正から繁栄方の政策に至るまでの開化政策が、重豪自身注意したように士風の軟弱化を招いたとして、強い不満をもつ者がいたが、それが前者の学閥争いとも重なって造士館教育あるいは開化政策批判の声をあげた。

徳田邕興演武館兵学を罵倒

まず兵学者徳田邕興（ようこう）（小藤次）らの攻撃があった。徳田は少年時代甲州別伝流兵学を学び、のち江戸に出て山県大弐の門に入り、さらに軍学者須藤二郎に兵学を学び、遂に奥義に達して宝暦十一年二十四歳の時皆伝を受けた。しかし帰国後合伝流兵学を唱え、義弘時代の古兵法を称揚して、当時薩摩藩で流行していた甲州流兵学を罵倒した。合伝流兵学とは、古今諸家の軍制の長所を選び、合わせ伝えるというところからこのように名付けたという。甲州流の如きは鉄砲の流行しない時代の遺物で、現代には役に立たないとしたのである。特に造士館設立後の安永三年徳田は上書して、儒学・武術とともに兵学を講堂で講ずるようにと願ったが、許されなかった。しかし強い願い出によって甲州流を非難しない、合伝流の趣旨だけを講ずるという約束で、講堂に臨んだが、その場になると右の約束を無視して、「戦いをなすには必ず敵がある、兵を談ずるにも敵なくしては適わない」と論じて、冒頭から盛んに甲州流兵学の非を強調指摘し、果ては藩政をも批議した。徳田の反骨は重豪の怒りに触れ、安永五年三月大島に流されて十二年間島の生活を送り、重豪隠居後の天明七年二月ようやく許された。しかし赦免後も盛んに古兵法を称揚し、合伝流兵学を唱えてやまず、文化元年六十七歳で死去した。

久保之英

また同じころ古学派久保之英も『御家兵法純粋』『薩陽士風伝』等を著わして、造士館派を批判し古武道を称揚した。当時の家老は風俗の善悪が国家興廃の根本であることを知らず、本朝第一の古風を改め新風を用いるとしてこれを非難罵倒した。そして山本正誼が聖堂奉行になると、「山本一統は詩文が少々できる程度」とくさしている。

古学崩れ

また聖堂教授を期待していた川上嘉膳がその選に漏れたことから、高橋武右衛門・愛甲新右衛門・平田藤九郎・市来四郎太らとともに、よりより集まって政道を非難した。川上らは市来政公（号蘭水）門下の徂徠学派で、かねて程朱学を攻撃していたが、この聖堂教授一件で一段と誹謗の声を高めた。それが聞えて川上ら五人は謹慎を命ぜられた。これを古注崩れとか古学崩れというが、天明五－六年のことだという（新納時升『弊政論』）。これらはいずれも造士館の学風や兵学への非難であるが、一面重豪の開化政策への批判でもあった。

三　医学院と薬園

重豪は造士館・演武館に続いて医学院を創建した。場所は造士館仰高門に向いあった所で、演武館の完成した安永二年（一七七三）十月着工して、翌三年二月完成した。「講堂・寝盧（しんりょ）悉く備わる」とあり、院中には医学の祖神を祭る神農廟を建立し、これも三月完成した。医学院の創建はもちろん医師の養成と、それにより「諸人療養の益」になるよう、すなわち医療の進歩をはかるにあった。医学院では毎日医書の講義が行なわれたが、聞き っ放しでは不十分だから、期日を定めて講習・討論・会読をせよ、その日は院の教師の中から一両名出席して助言せよといい、しかも城下士はもちろん外城士・足軽・家来・町人に至るまで、希望者の出席を許した。その創設から八年後入薩した橘南谿によると、「医学頭六人有て医書を講ず。医生数十百人、学に入て学ぶ。」という状態であった（『西遊記補遺』）。また江戸の医学館に準じて学規八略を定めた。江戸の医学館とは、明和二年（一七六五）幕府奥医師多紀元孝が創建した医学校躋寿館のことで、幕府は寛政三年（一七九一）これを官学医学館とするのである。『仰望節録』によると、享和年間（一八〇一〜〇三）江戸日本橋本小田原町の魚店柳屋伝六の娘せひが、十一－二歳であったが、多骨瘡を患い種々手当をしても一向に効果がない。そこで同業鯉屋藤左衛門を通じて重豪に治療を願った。そこで重豪の侍医曽槃が、オランダ流の金石火煉の薬を施すこと四年で全快したという。後述の如く重豪は薬園の設置経営にも熱心

医学院（『三国名勝図会』より）

で、恐らく彼自身の健康状態からも医術には深い関心を持っていたと思われ、それが遂には医学院設立を実現させたものであろう。

山川薬園

重豪の設置経営に努めた薬園は、山川（揖宿郡）・佐多（肝属郡）・吉野（鹿児島市）の三薬園である。このうち山川薬園は早く万治二年（一六五九）の開設と伝える。山川郷福元に龍眼山を造り、龍眼・茘枝・枳殻・橄欖その他を植えたという。古老の伝えによると、開設当時龍眼が茂っていたというから、あるいはこれは薬園の再興だったかともいわれているが、既に貝原益軒の『大和本草』（宝永五年刊）に、薩摩で龍眼を産することを記しており、重豪以前から薩摩藩領内に薬園があったことは事実と考えられる。

佐多薬園

佐多薬園は佐多郷伊座敷の堀切と上之園平の二カ所にあった。これも貞享四年（一六八七）新納時升が藩主に献上した龍眼樹の植栽場と定めたのに始まるといわれるが、藩の薬園となったのは、宝暦・明和のころ（重豪初世）菱刈実詮（宝暦九〜安永六年家老）の建議によると伝える。ここは肝属半島の南端であるが、対岸の山川と同様暖い土地柄から、暖地系植物の生育に適しており、このことが薩摩藩薬園の特色となっている。

吉野薬園

さらに安永八年（一七七九）城下から近い吉野帯迫（現在吉野小学校の地）に薬園を造った。ここは台地上で、朝鮮人参など寒地系薬草を植えたという。

薬園署

藩では翌安永九年薬園署をおき、さらに寛政四年（一七九二）薬園奉行をおいた（『職掌紀原』）。薬園署の設置を天明元年という説もあるが（『薩藩の文化』『鹿児島県史年表』）、向井友章は「安永庚子」と明記し、自らもその後これに関係しているので（『滄浪遺稿』）、安永九年説に従うべきであろう。当時『成形実録』編纂が進行中で、そのため天下の産物を集めていた

佐藤成裕藩内で採薬

が（同上）、その翌天明元年には、江戸の本草学者佐藤成裕（中陵）を招いて、藩内の薬草を収集させた。現在国立国会図書館に所蔵されている著者不明の『薩州採薬録』には、三百九十一種の薬草類が収録されているが、あるいはこれは成裕の著作かもしれない。

『中陵漫録』によると、「余は薩州に至て琉球の産物を見る事千種に至る」とある。成裕は同三年母の病気のため江戸に帰ったが、寛政五年（一七九三）米沢上杉家、同十二年水戸徳川家に仕えた。その間寛政四年『薩州産物録』を著わし、上杉家に仕えてからは東北地方で薬草収集を行ない、同六年『採薬録』五巻（国立国会図書館蔵）を著わした。佐倉隠医鶴甫なる者の寛政六年甲寅春二月の序によると、成裕は薩摩・奥羽での採薬で薬品数百種を得て、その中から医家日用の薬二百余を撮り、おのおのその名を正し造作修治を

与えてこれを著わしたという。したがってその中には薩摩での採薬の結果もあり、たとえば「樟脳、薩州隅州ニ多ク出ス一種ニシテ、脳ノ有ト無アリ」として、次にその製法を記している如くである。しかも米沢では藩の医学校好生堂で講義を行なうとともに、薬園を造って学生の指導に当ったというから、薩摩でも薬園経営の助言を行なったと考えてよかろう。後述の如く、重豪は隠居後さらに江戸にも薬園を造った。

四　明時館

ついで安永八年（一七七九）天文暦学研究所たる明時館を創建した。『明時館記』によると、薩摩には既に鎌倉時代から暦官がいて暦を作っていたというが、一般に薩摩暦の起源はそれほど古いとは考えられず、恐らく琉球貿易の問題と関連して特例が認められたのだろうという（岡田芳朗『日本の暦』）。

薩摩藩では幕府の貞享暦作成の時以来、藩士を派遣して編暦を学ばせあるいはこれを手伝わせた。たまたま明和二年（一七六五）幕府が天文台を江戸牛込に造り、同所に新暦調所を置いた時、薩藩からまた助手が登用された。そこでかつて宝暦改暦の時助手を勤めた

水間良実

磯永周英の弟子水間喜八良実が派遣されたが、水間は天文方佐々木秀長についてこれを助け、八年後安永元年帰藩した。水間は帰藩後も毎年気朔・交食・日躔（にってん）・月離・五星・四余等を測定して江戸に報告した。

その後重豪は使番兼記録奉行児玉実門に命じて、簡天儀・測午表・子午針・望遠鏡等の天体観測器具を整備し、前からあった渾天儀・枢星鏡・正方案等とともに、水間に管理させることにした。その時期を『仰望節録』等が「今公襲封の十一年」とするのは「二十一年」（安永四年に当る）の誤りと思われる。

明時館創設

その後安永八年重豪は家老小松清香・側用人山田明遠に、暦局設置を命じた。両人は児玉実門や水間良実と謀って、造士館の東南に敷地を定め、八月十三日着工、十月二十六日完成した。これが明時館で、天文館ともいう。天体観測を行なう露台を一段高く館の中央に造り、高さ一丈三尺、台上は高さと同じ一丈三尺四方で、基礎部分はその倍であった。これはたとえば京都梅小路の天文台では、露台の下部は七間四方あって、鹿児島より広いが、高さは一丈五尺、上部が二間四方の広さというから（恒星社『天文学の歴史』）、規模は大差なかったといえよう。梅小路で露台の上に置かれた儀器は渾天儀だっ

高さ数丈の露台

たというが、鹿児島でも同様だったろう。橘南谿は完成後三年目の見聞を、次のように述べている。

> 天文館には館の中央に切石にて数丈の高さに築上(きづきあげ)たる露台あり。其上に広大なる星測の器を備へたり。天文生毎夜此上に登りて星を測る。其露台の傍に日輪を窺ふの台あり。其中に量天鏡の大なるをしかけ、ゾンガラスを当て、毎日日中に日輪を量(はか)る。館中にては天文生数人、算法を以て日輪の度数、毎夜の星の転移を推歩するに、台上にては毎夜毎日実物の実歩を伺ひはかりて、推歩と実測と合ふや違ふやをためす事を、毎日毎夜両方より励みて怠る事なければ、推歩測量ともに皆妙に至れり。
>
> (『西遊記補遺』)

と、高さ数丈とはややオーバーであるが、館中の模様、作業の状態をよく知ることができる。南谿はさらに続けて、

> 又暦を作りて国中に行はる。京都の暦を用ひず、彼国の暦は書物のごとくとぢて、明白にて甚(はなはだ)見やすし。七曜暦も作れり。二暦ともに毎年板行して行はる。天文のくわしき事は他方のなき所也。

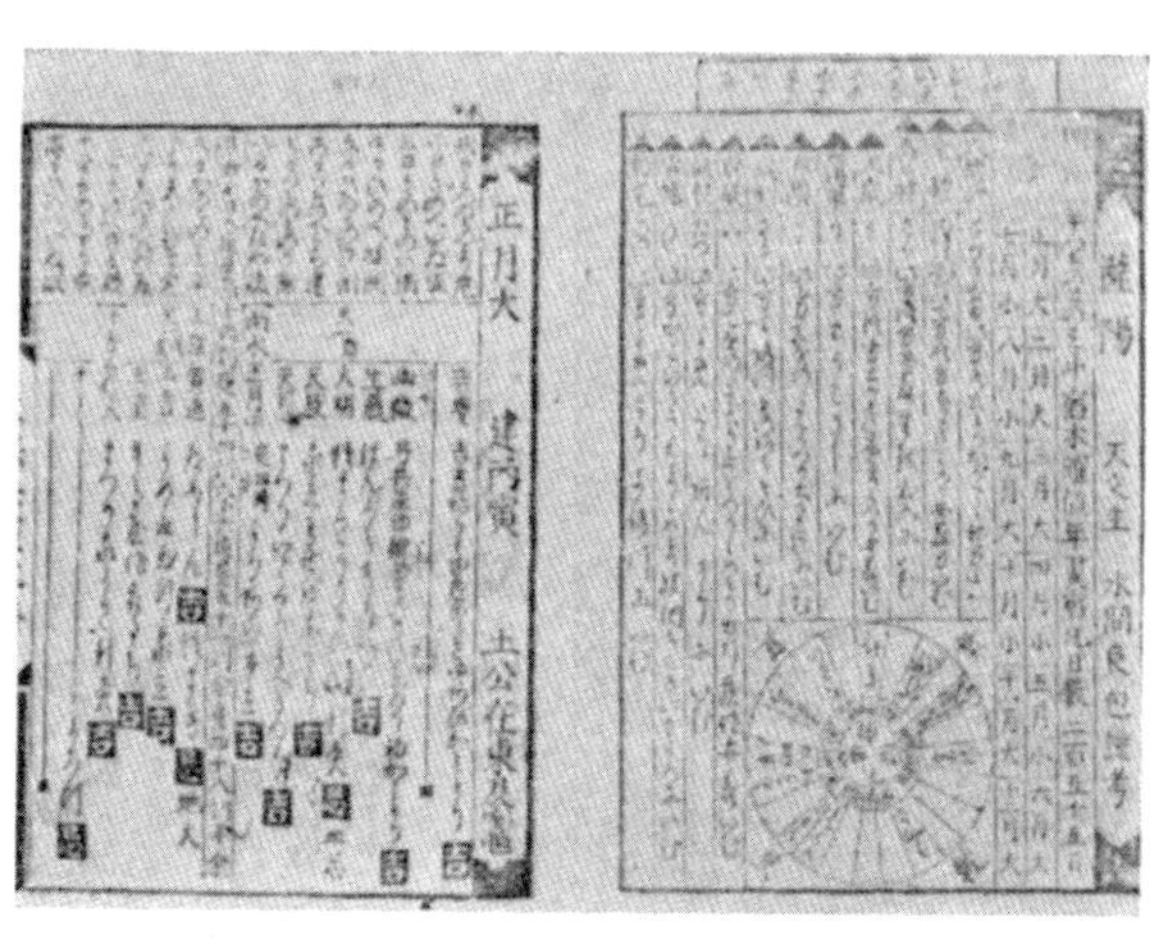

薩　摩　暦（鹿児島県立図書館蔵）

と薩摩暦の勝れた点を指摘している。それは伊勢暦と違わないが、ただ昼夜の時差があり、暦註などに他の暦に見えない独特のものがあるという（渡辺敏夫『日本の暦』、岡田芳朗『日本の暦』）。

明時館が創建されると、水間は暦正知館事となって明時館の管理に当ったが、天明元年幕府が吉田靫負に命じて五星の推歩を行なわせるに当り、再度水間を江戸に招いてその助手とした。水間は再び出府してこれを助け、同四年帰国し、明時館にあって五星測量のことに関与した（『追録』）。なお長崎のオランダ通詞本木良永は、薩摩藩士某の求めに応じて、天明七年『日月圭和解』を翻訳したというが

（体系日本史叢書『科学史』）、その某とは水間のことではなかったかと思われる。

その後薩摩には水間の子孫良純・良智・良包や寺師正容およびその門下磯永周経等すぐれた暦学家が出て観測改暦に努めた。このように明時館の創設によって観測体制は一段と整備し、独自の伝統をもつといわれる薩摩暦は、いっそうその内容を充実することになったわけである。

噴火被害額（『追録』）

高	57,538石 （永損 11,195 当損 46,343）
死　人	153人
死　馬	1,861匹
死　牛	135匹
潰　家	671軒
半潰家	630軒

桜島大噴火

この明時館建設中桜島が大噴火を起した。歴史上の桜島大噴火には、天平宝字八年（七六四）と文明八年（一四七六）とがあるが、安永八年（一七七九）九月二十九日午後八時ごろ地震があり、地震は翌十月一日午前十時ごろまでやまず、山本正誼の『桜島炎上記』によると、「本府城下及び東南北数十里の間、地の震こと頻なり」といい、三浦梅園は、その鳴動が豊後まで聞えたと記している（『梅園拾葉』）。十月一日午前十一時すぎから始まった噴火は五日まで続き、その後も火勢は急にはやまず八－九時間ごとに燃え、あるいは一－二

噴火の被害全領内に及ぶ

日を経て光るという状態で当分は落着かなかった。桜島十八カ村中東側六カ村の被害が特に大きかったが、噴出する石や灰の被害は全領内に及び、藩から幕府に安永八年十二月、同九年六月及び十一月の三回にわたって報告した田地や人畜・家屋等の主な被害は前ページの通りで、このほか樹木・道路等の被害は甚大であった。

安永八年十月の噴火当時、重豪はたまたま帰国滞在中であったので、噴火の模様を直接実見したと思われるが、さしもの重豪も火山噴火の予知法やその施設の建設などには、とても思い及ばなかったことであろう。

第六　各種図書の編纂刊行

一　『南山俗語考』

図書編纂は藩主在職中に着手

造士館・天文館等の文化施設を創設した重豪は、そのほか各種の図書を編纂しあるいは刊行して、薩藩文化発展の基礎を築いた。すなわち『南山俗語考』『島津国史』『成形図説』『鳥名便覧』『質問本草』等があり、その種類は語学・歴史・農業・生物等各面にわたっている。そのほとんどは重豪隠居後に完成しているが、多くは藩主在職中に着手したもので、いずれも着手から完成まで長年月を要し、中には半世紀近い年月を要したものもあった。

中国語辞典

半世紀近い年月を要したのは中国語学書の『南山俗語考』で、その編纂に着手したのは重豪二十三歳の明和四年（一七六七）であった。南山は重豪の号で、この書は一種の中国語辞典であるが、『仰望節録』の中で曾槃は次のように記している。

明和四年丁亥、薩隅西南海は唐山の商舶、肥前長崎へ来往の鍼路なれば、或は年毎に其瀕海に漂到す。故にいにしへより其沿海の地に訳士を置きて、常に海外清国の音韻を学しめて事を判せしむ。公嘗てより長崎の唐山訳士に便して、漳福の俗語をつどひ、其音韻を質し和釈を附して、其書を著さん事を慮り給ふ、ことし其起草を命せらる。

編纂・刊行図書一覧

着手年代	書名	完成または刊行年代
1767	南山俗語考	1812
1769	島津国史	1802
1771	（琉球産物志）	1771
1773	成形図説	1804？
1781	質問本草	1786
1787	隠居	
1797	（琉客談記）	1797
1804	（助字雅訓）	1804
1830	鳥名便覧	1830
1833	死去	

すなわち、薩摩が中国と長崎との航路に面しているために、時折中国船が漂着する。だから藩では以前から訳士（通事）を置いて、常に中国語の学習をさせ事に対処させている。重豪は以前から長崎の唐通事に頼んで、漳州・福州方面の俗語を集めて、その音韻をただし日本語訳をつけて一書を著わしたいと考えており、明和四年（一七六七）にその起草を命じたというのである。また重豪自身の記すとこ

『南山俗語考』
（鹿児島大学附属図書館蔵）

ろでは、自分は中国語が好きで、その音に通じていたから、かねて侍臣と中国語で談話をする。しかし中国語は種類が多くそれを弁別することが困難である。だからいくらかの中国語を収集して一書とし、『南山俗語考』と命名したが、もともと他人のためでなく、自分の座右に置いて備忘の用に供するだけであると言っている（『南山俗語考』跋文）。しかし四十五年後の文化九年（一八一二）「書成りて木にえりたり」すなわち出版したところをみれば、単に重豪一人の備忘録に留まらず、唐通事らの実用に供することをも考慮していたと考えられる。

その編纂には侍医曾槃（そうはん）が和訳を、石塚崔高（さいこう）が中国音の校訂を担当したというが、後述の如く曾槃らが重豪に仕えたのはずっと後であるから、最初は「長崎の唐山訳士」らに頼んで収集していたものと思われる。侍医曾槃は重豪の信任厚く、このほか多くの編纂に主任級として関係し、そのほかにも自著六十余種がある。

曾槃は帰化明人の子孫で、槃は本名で字は士考、通称を占春といった。遠祖曾彦は長崎に住んで医を業としたが、子孫はその業をうけて通事を兼ねた。父昌啓の時出羽庄内の酒井氏に仕えたので、曾槃も十七歳から十九歳まで庄内に居た。のち庄内を去って諸方を遊学し、田村藍水に本草を、また多紀藍溪に本草及び医学を学んで著名であった。天明四年幕府の医学館で本草の講義を担当し、また医官の試験委員にもなったという。ついで寛政四年(一七九二)官医堀本好益蘇山の推薦で重豪の記室となり、初め二―三年鹿児島に来て朝鮮人参の植栽や薬園署の援助を行なった。爾来重豪に仕えること四十三年、天保三年重豪の米寿の祝いに『仰望節録』を記してその事蹟をたたえたが、この書は今日重豪伝記の重要史料となっている。

曾槃は重豪の死に後れること一年、天保五年二月二十日江戸で死去するが、重豪の記室となった寛政四年といえば、既に重豪隠居後それも斉宣の藩政後見もやめた後で、『南山俗語考』の編纂着手後二十五年を経過した時であった。

中国音の校訂を担当した石塚崔高は古賀精里の門人で、中国語に通じ特に北京音に通じていたので、当時の天文方としてかねて満州語にまで指を染めた高橋景保に、北京官話を指導したというほどの人で、早くから重豪に仕えていた(『西南文運史論』)。また崔高は地理学にも精通していて、磯永周経らと享和二年『円球万国地海全図』を藩から刊行した。この図は恐らく重豪の意をうけて作成したものだろうといわれ、高橋景保の地球図が公刊される以前のものとしては、わが国刊図中最大の世界図であった。西洋の地球図を原本としたものと思われ、図の方は伊能忠敬の所蔵したものや林子平の地球図(安永四年長崎で松村元綱のものを写したもの)等と同系統のもので、別して珍とするに足りないが、図中の説明文は作者石塚崔高の苦心の研究によって記入されたものと考えられ、しかもこの大世界図が薩摩藩から公刊されたことは注目すべきことだといわれている(開国百年記念文化事業会編『鎖国時代日本人の海外知識』)。

古賀精里

なお崔高の師で『南山俗語考』に序文を書いた古賀精里は、佐賀藩の儒者で、初め陽明学のち朱子学を学び、一時藩政に参与し、また藩校創立に当り自ら教授した。のち幕命により昌平黌に教官となり、林述斎・柴野栗山・尾藤二洲らとともに朱子学の振興に尽し、栗山・二洲とともに寛政の三博士といわれた。

収載語数八二七七語

『南山俗語考』は本文五巻附録一巻から成り、収載語数は八千二百七十七語で、これを次の十九部に分類してある。すなわち、

巻一　天部・地部・人部

巻二　人部下

巻三　人部・器材部・文学部

巻四　営造部・産業部・兵部・疾病部・船部・居処部

巻五　食物部・鱗介部・昆虫部・走獣部・飛禽部・草木部・衣飾部・馬匹鞍轡部

である。各部はさらに数項に類別されて、そこに同類の単語を配列してある。たとえば人部「人品類・人倫類・身体類・性情類・視聴動作坐立趨走出入去来類」の如きである。各単語は「天地（テエンデイ）アメツチ」・「梅雨（ハイイ）ツユノアメ」の如く、右側に中国音を、下に和訳を掲げてある。

並本

上製本

刊行に当っては並本・上製本・特製本の三種類を作ったらしく、並本・上製本は本文五巻のみで、古賀精里の序文でも「五巻と成し名づけて俗語考という」と記している。両本ともに精里の序文、南山主人の跋文がある。ただ上製本にはこのほか巻尾に「蓬山（よもぎ）

蔵書」の黒印があり、また「和訳臣曾槃校、華音臣石塚崔高校」と記入してある。蓬山は隠居後の寛政八年高輪に造った別荘である。重豪は同年三月十三日ここに移り住んだ。

特製本は本文五巻のほかに、附録として「長短雑話」十六枚の文章編がついており、精里も序文で「成㆓六巻㆒名曰㆓南山俗語考㆒」と記している。しかもそのほかに「文化戊辰（五年十月）陽月鷺山源忠道撰」（姫路藩主酒井忠道か）なる序文がついている。それによると「其の第六巻は、日用の叙話彼に擬する所にして、自ら作る也」とあり、中国風の会話文を重豪自ら作成したものである。形式的には巻末の「蓬山蔵書」の四字は朱印で捺され、さらに自跋の末尾に「懋昭（ぼうしょう）之章」及び「聖訓」の二種の朱印が捺してある。懋昭とは重豪の号で南山より後に用い始めたようである。武藤長平は、この特製本は「多分公卿大名等へ寄贈したものであろうか」としているが、果してどうか（『西南文運史論』）。

重豪の号南山は、のちに隠居所を長生楼とも称した如く（『仰望節録』）、いのち長かれと祝う「南山之寿」（『詩経』）からとったものかと思われるが、薩藩が日本列島の南端に位置することに相通ずるものであることは興味深い。本書が中国南方語それも俗語を主とした日中語辞典である点、当時としては出色のものであった。古賀精里も序文の中で

「漢唐以降方言俗語展転変化し、五方訛淆、逐代推移、日新未已」といい、「書を読む毎に俗語に遇い暁り難く、其の考う可き成書無きを恨む、今此の挙を見る、竊かに喜びに堪えず」と特に俗語辞典の意義を強調している。

二 『島津国史』

藩正史の編纂を意図

『南山俗語考』の次に重豪が編纂を命じたのは、藩の正史である。元来藩では、家久の時文書奉行（のち記録奉行）を置き、次の光久時代平田清右衛門純正を文書奉行に任命した。ここに純正は島津氏の始祖忠久から家久までの家譜を作り、これを『新編島津氏（世録）正統系図』と称した。爾来史官相次いで編纂に当って来た。それを明和六年（一七六九）、この年『君道』編纂を行なった記録奉行添役郡山遜志（同年十一月奉行に進む）に藩正史の編纂を命じた。翌七年八月の重豪の達しは編纂の趣旨を次のように述べている（『追録』）。

家譜は記事中心で、人物言行の類は省略されており、これでは祖先の遺風余徳もだんだん隠滅してしまいそうではなはだ残念である。そこで去年在国の節郡山次郎左衛門（遜志）に家譜と別個に編集を命じた。その体裁は、記事は大要をとって小節は略し、代々(藩主)の人となりまたは言論行事等の実録を記せ。そのため家譜や旧記・古老の説を参考にせよ。

『島津世家』

この家譜(『正統系図』)は後年伊地知季安・季通父子が『旧記雑録』を編纂する際の重要な典拠とした史料で、重豪は別に藩通史を作りたかったのであろう。こうしてでき上ったのが、『島津世家』二十七巻で、始祖忠久から重豪初世の宝暦十年までを内容とする。造士館教授山本正誼によると、これ以前記録奉行山田君豹に歴史書編纂の意図があったが果さずに明和五年に死去した。遜志への下命はその翌年であるから、君豹が生きていたらその手で編纂されていたであろうという。

『島津国史』

ところが重豪は寛政九年(一七九七)八月『島津世家』の改撰を山本正誼に命じた。正誼はもし君豹が『島津世家』を編纂していたら、さらに改撰を命ぜられるようなことはなかったであろうという意味のことを言っている。これは果してどうかわからないが、改撰を命ぜられた山本は史官黒田清躬・木場貞良、ついで同平田正懿(まさよし)・得能通貫らの助力を得て、五年後の享和二年完成し『島津国史』と名づけた。島津とは薩隅日三国の始まりが島津御荘であったからという意味で、単なる島津氏家譜の意ではないと断わっている。

内容は忠久から重年に至るまでの三十二巻で、漢文による編年体の藩史である。

山本の記した同書凡例によると、旧譜（正統系図の意）は記事詳細でその量も膨大であり、『島津世家』はその大要をとって小節を略し、かつ譜諜を改めて史伝とした。それをさらに改撰したのは記事の欠誤があったからか。もしそうであれば国史館担当者に命ずれば足りるものを、あえて山本正誼に命ぜられたというのは「辞を修るがためのみ」。その前提として事実の考証を要するので記録所関係者の助力を得たのであるが、「此の編や本と辞を修るを以て主となす、」すなわち修辞が本来のねらいであるとする。

このように重豪時代に編纂された紀伝体の『島津世家』と編年体の『島津国史』の両者が、薩摩藩における正式の藩通史といえる。しかしこの両者とも藩政時代には遂に出版されず、明治三十八年『島津国史』だけが和本十冊として出版された。山本正誼によると、「旧譜・世家は蔵して秘府に在り、外の人見るを得ず」（凡例）とあり、また島津忠重によると『島津国史』も「藩制時、書秘府に蔵し、史官以て時に進読し、以て法戒に資す」（『島津国史』刊本序文）という。恐らくその理由は、たとえば『島津国史』が島津勝久について「公、人となり冥頑不霊、古道を喜ばず政刑道を失す、故に此年（襲封の永正十六年）三国賊兵大いに起る」と記したように、後世藩主の監戒に備えようと君悪（藩主の欠点）をも卒直に記しているからであろう。すなわち藩主治政上の鏡としての藩通史の編纂ということであった。しかも山本正誼によると、正統系図・世家・国史の三者は一を欠いても不十分なものであった（『島津国史』凡例）。

藩史の編纂を命じた重豪は、さらに薩摩藩領内にある神代三山陵についての調査や口碑伝説等の編集を、国学者白尾国柱（くにはしら）に命じた。国柱は元来本田氏の出身で、二十九歳で白尾家を継いだ。通称を斎蔵といい、鼓川（鼓泉）と号した。日本古典の研究を志し塙保己一・村田春海に国典を学び、詩歌にも長じた。本居宣長の学風を慕ったが、宣長に直接教えを受けることはできなかった。寛政十一年（一七九九）藩命によって東上し、享和元年記録方添役となり、文政二年記録奉行、翌年物頭となった。既に『神代山陵考』（寛政四年）・『麑（げい）藩名勝考』（寛政七年）を著わしていたのを、東上後後述の『成形図説』の編纂を命ぜられた。その後文化初年、「今も見つ、いにしえも聞えたるを、この事わざとも書つゞりて、暫時の仰もて遊びに備えまつれと、かしこき仰承り」『倭文麻環（しずのおだまき）』十二巻を著わした。口碑伝説、なかでも異聞怪説等六十章が集められている。ただ本書は文化三年の藩邸類焼で原稿を焼失し、再び命を受けて文化九年（一八一二）に完成した。ついで同十一年重豪の命で三山陵を調査し、同年十一月その調査結果『神代三陵取調書』を報告した。

忠久頼朝落胤説

『島津国史』完成の享和二年、重豪は『大日本史』に島津家の始祖忠久の頼朝落胤説を補入するよう水戸家に依頼、文化六年九月実現した。島津家では忠久は丹後局が頼朝の寵を得て生んだ子だとしていたが、『大日本史』は惟宗広言の子として「非二頼朝之子一」（『仰望節録』）としているからである。当時徳川氏が源氏を称していたので、忠久頼朝落胤説は島津氏が徳川氏との血縁関係を主張できる意味で重要であり、それを水戸家編纂の『大日本史』に補入してもらい、対外的に承認を得ようとしたのである。『大日本史』自体はその内容に同意していないが、一応採用している。重豪としては少しでも徳川氏に対し有利な立場を築こうとしたものであろう。

三　『成形図説』

『成形実録』

農業生物百科全書ともいうべき『成形図説』は、その前身『成形実録』として安永二年（一七七三）編纂に着手した。その担当者や規模は明らかでないが、寛政五年（一七九三）には曾槃・国学者白尾国柱・儒者向井友章らに命じてこれを改撰させた。曾槃は仕官後数月ならずして鹿児島に入り、大隅・日向の山野の探索に席も暖まらず、山ケ野（やまがの）・狗留孫（くるそん）岳・霧島山（ともに鹿児島県）、白鳥山（宮崎県）まではいってその出産物を探し、真幸（まさき）や諸県（もろかた）（ともに宮崎県）の地を選んで数カ所に朝鮮人参を移植し、薬園署に居る時、国内の本草類を集めて、その名称や内容を考証して編纂事業を行なっていた。居ること三年江戸大火による自宅の類焼で寛政六年七月帰府した（『滄浪遺稿』『鹿児島県史年表』）。従来文字記録中心の編纂であったのを、図形を加えた図説にしようと改撰を命じたもので、曾槃としても薩摩藩仕官直後の大事業であった。

『成形図説』

こうして農事・五穀・菜蔬・薬草・樹・竹・虫豸（ち）・魚介・禽・獣すべて十部百巻が完成し、名称を『成形図説』と改めた。完成年月を明らかにしないが、このうち三十巻（農事部十四巻・五穀部六巻・菜部十巻）は文化元年（一八〇四）鹿児島藩蔵版として出版された。刊本には彩色図入りと白黒図入りの二種類あるが『南山俗語考』特製本と同様、彩色図入り本は公卿・大名等へ贈ったものであろうか。曾槃が天保二年六月に書いた「成形図説

原稿類焼の不幸にあう

編次の因」によると、「南山老公より此書編集の命を蒙(こうむり)、文化丙寅(三年)のとしまでに凡三十巻をえらびて、以往竹芝の西邸に編集局をもうけ、木に付したり」。ところが文化三年三月火事のため芝の西邸が類焼し、本書の原稿も焼失、そこで以後編集局を廃止して曾槃一人で編集に従事した。こうして二十四年後数十巻の原稿が完成し、いよいよ出版にこぎつけようとしていた文政十二年（一八二九）三月、またまた火事で江戸城東方明石橋附近にあった曾槃の邸宅書庫が類焼して「印板十巻火に亡びたり。底稿もまたしかり」（『仰望節録』）という不幸に見舞われた。

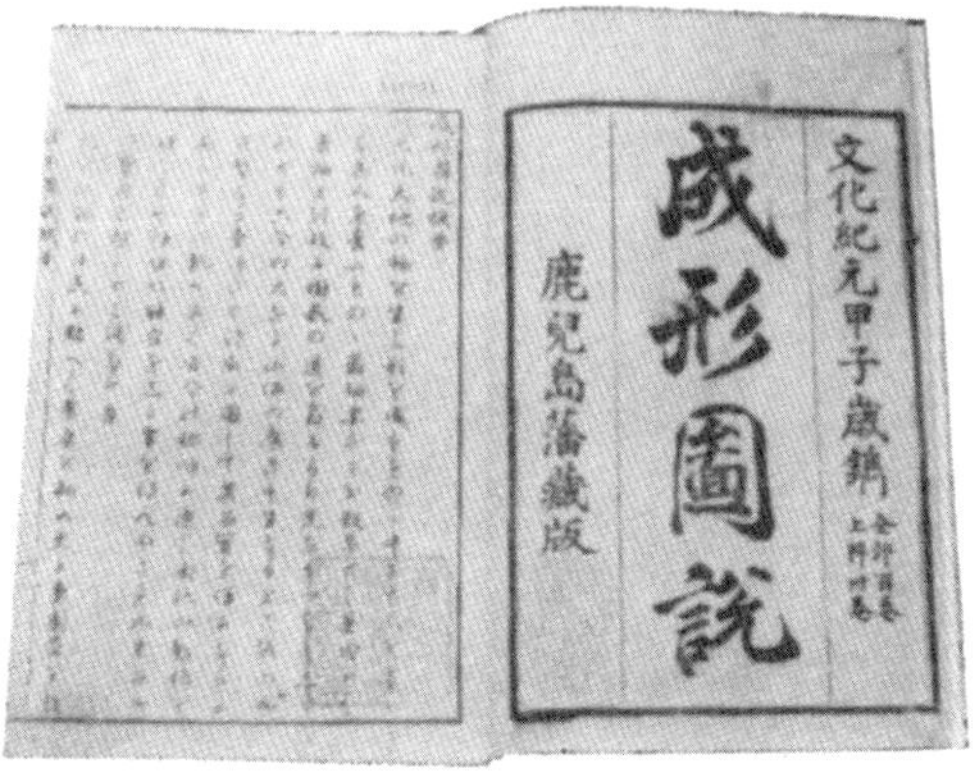

『成形図説』（鹿児島県立図書館蔵）

同年さらに曾槃に編集の命がくだり、曾槃は桜田藩邸に寓居して編集を続けた。そして天保二年六月には、恐らく現在静嘉堂文庫所蔵の重野安繹(やすつぐ)博士旧蔵本十五巻は原稿ができ上っていたと思われる。

その項目名を見ると、菌部・薬草部・草部・木部・果部にわたり、第三十巻から第四十五巻までとある。ただこの巻数は後世の整理者による分類と思われ、必ずしも順序だてて揃ったものとは思われない。したがって実際の原稿はもっと多く完成していたかもわからない。また鹿児島県立図書館にも巻三十一から巻三十六薬草部六巻の写本が所蔵されていて、目録はほぼ静嘉堂本と重複する。曾槃がその翌天保三年に書いた『仰望節録』の中で、『成形図説』編集について「年巳に七十有三なれば其卒業の期測りしるべからず、吁（ああ）、嘅（慨）すべきのみ」と歎き、事実その二年後には死去するので、果してどれぐらい完成したものかわからない。なお東京国立博物館には巻百一から百二十まで鳥の部二十巻（写本）が所蔵されている。嘉永二年己酉と思われる穂積実の序文によると、その主人南山太公の命で曾槃没後草稿本中から、鳥類三百余種をとって編集したものという。土屋喬雄博士は続編だろうと記している。

このような不幸な運命をたどった本書は、編纂当初の半分ぐらいしか現存しないが、その計画の膨大さと度重なる災厄にもめげず完成をめざした熱意とは、本書にかける重

編纂の意図

豪の期待の大きさを推測させる。曾槃が文化元年十一月一日に記した『成形図説』提要によると、

> 吾太公臨聴の日、民に教へて農桑を初め、更に薬園署を設けて広く有用の薬種を致し来し、其産地の異同を審にし其時候の先後を考がへ、おの〳〵其ものをして生成の功を遂しむ、これ事を好むにあらず、天意に随ひ民事を急にし給ふがゆえなり、又園庭に試み植るところの草木、樊籠に馴養ふところの羽毛より海舶の伝ふるところのものに至るまで、得るにしたがひて其真を写し、蔵めて以て他日の用を俟つ、

と。ただ唐山・和蘭に生ずるものでわが国と名称の異なるものがあり、こちらにあってあちらにないもの、その反対のもの、両者にあって名は知られていてその物を知らないもの、またあちらにあってこちらにない物で似たものを強いて充当しても、名実異なって人を惑わすものもある。そこで、

> 吾太公深くここに憂へて臣曾槃・臣白尾国柱等の数人に命じて、大に品物を索めてこれを類聚せしむ、ここに於て嘗て真を写して蔵め給ふところより、其地の目睹する

ものにいたるまで、収入して部を分ち、殊域の産は蕃籍の図載に臨摹して毎品おのく其説を著はす。

このようにして完成したものを今日刊行するに至ったもので、

是童蒙といへども、九穀の種穫採収及び百薬の粋戻良毒を分別して、救餓済急の法(ママ)方をしらしむ事を欲するのみ、

である。これはまったく「民を憫むの一端、ひとり民を憫むのみならず、国本の一策」である。土屋喬雄博士は三十巻の既刊部分について、「その考証の博く詳かなる、その内容の広汎なる、その量の浩瀚なる、又図の多く精しき点に鑑みて、私は本書を以て今日まで現はれた日本農書中最も重要視さるべきものの一つであると考へる。世界に向つて誇り得べき大農書であるとさへ信じてゐる」(昭和七年版解題六ページ)と激賞している。本書の全体構想から見た時、ただ単なる農業書ではない。もちろん同博士も、本書農事部十四巻が、農業技術及び慣行をはじめ租税制度・土地制度・農業経済にもわたってい ることから、広い意味の農書とし、さらに未刊部分の薬草部・草部・木部・鳥部等をもって、系統を異にするものであることを認めている。すなわちこれらを総合すれば、本

書は単なる農書に非ず、竹木鳥獣魚介にまでわたる動植物百科全書を兼ねた一大編纂物である。しかもそれらの植付け収穫採収の方法や薬草の純否良毒までを分別して、国民の飢餓を救い危急を助けようとしたものである。

動植物百科全書

実地の経験をも加える

内容をみると、日本・中国の書籍等を通じてそれぞれの名称由来を考え、さらには当代実地の経験をもとに現状に照応した叙述を行なっている。たとえば甘藷について、まず「唐芋(カライモ)是専(もつぱら)俗の通称なり……」として、その日本及び中国での名称を並べ、本項では蕃名は空白となっている。甘藷の日本への伝来の歴史と青木昆陽による全国的普及の次第を述べ、さらに植え方・収穫利用法等に至るまで詳述している。その中で、

○諸を種(う)るの法伝習録等に詳にし、此方にて農業全書に委しく記したれども、皆うゑ試みたることの熟せざればあたらぬ多し。

と批判して、実際の植え方を記している。農具についても、たとえば古島敏雄博士は、「『和漢三才図会』・『成形図説』の説明は、其の根拠に漢籍の影響を無視し得ないかも知れないが、各部分に和名を掲げる事から、当時の実情をも反映していると見られよう」(『日本農業技術史』下)としているが、本書は単にわが国古典や漢籍等による観念的な

編纂物ではなく、ある程度当時の実情をも採録しているのである。ただあまねく全国的に採録することは不可能で「其疎漏を訝(いぶか)ることなかれ」(同書提要)としている。また「蕃語に係るものは臣堀愛生等が訳するところを登載す」という。農事部等三十巻については、文化元年以後も同二年・同六年・文政十一年と版を重ねていることをみれば、相当普及したものと考えられる。

向井友章

『成形図説』の編纂者のうち、別記の曾槃・白尾国柱のほか、向井友章は滄浪または賀山と号し、初め儒学を医師市来兼伯に学び、のち江戸昌平黌に入り、居ること七年、詩文に長じたという。藩に仕えて薬園奉行となり、のち辞して子弟に詩文儒学を教授した。『滄浪遺稿』によると、曾槃や後述のオランダ通詞松村元綱と親交があったことがわかるが、友章は恐らく薬園署勤務のかたわら、国もとで『成形図説』編纂に参与したものであろう。

蘭名担当者

蘭名担当者は初め松村元綱のち堀門十郎愛生と考えられるが、この両者については後述する。ただ文化三年の火災以後は編集局を廃止し曾槃一人で編集に携わったというから、それ以後は堀は関係していないのであろう。

曾槃の蘭名研究の努力

文政六年の序のある曾槃の『西洋草木韻箋』、『西洋名物韻箋』等によると、曾槃自身も早くから草木や金石・動物等のオランダ名を、オランダ人やオランダ通詞に質問しており、松村や堀らだけに担当させていたわけではないようである。文政六年八月十五日の『西洋草木韻箋』の題言中に次のようにある。

此編は寛政年の比(ころ)より成形図説の志料に纂する所なり。西洋の書はおほくトロッペル、ドドニス、アールド＝ゲハッセン、アムウニタテス等に載る所の図状を、和漢の庶品に対考し、其図説の的当なるを標識して、崎陽の和蘭訳者石橋助左衛門・楢林重兵衛・名村名吉(郎)に便りし、其名称の正訳を問ひ、津山侯の医員宇田川玄随、中津侯の医員前野君敬をして検校せしめ、西洋名・和漢名各頭韻に排纂し、分て二巻となし、一書に訂して坐右の遺忘に備へて史料の一助となすのみ。

また同年八月二十八日の『西洋名物韻箋』の縁起にも、

此編は寛政の比より来聘の和蘭人且毎歳年賀を奉する和蘭訳者、大江戸の客館に来るごとに往て比々の名物の蘭語を問ひ、はた蘭書を携へ庶品を袖にして其名を質問するもあり。頃間(コノコロ)これを頭韻に排纂して成形図説の志料に備ふるのみ。

とある。これらによって曾槃の努力のほどが知られるが、前者の校閲を担当した宇田川玄随は寛政九年には死去しているので、その成立は相当早い時期と考えられる。

四　『質問本草』

呉継志は架空の人物

琉球及び屋久諸島の草木の薬用効能について中国の学者に質問し、納得できなければ再質問を行なって、合計百六十種についての結果をまとめたのが本書である。著者は琉球の医師呉継志というが、鹿児島大学玉里文庫所蔵の『質問本草』（天明五年薩摩薬園署編選とある）によると、呉継志とは、次の如く架空の人物である。

係之中山人空擬人名中山多呉氏
故以呉為姓　先侯既以唐山為証
若枳殻等諸薬皆移植之　斯挙為善
継其志故名継志字子善　尚後之

（鹿児島大学附属図書館蔵）

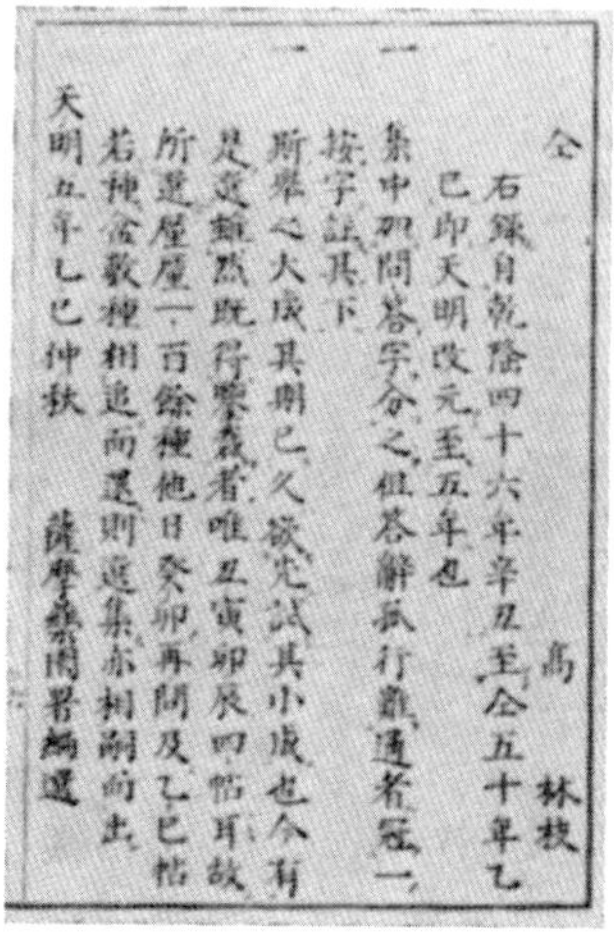

問合わせた学者は四十五人

『質問本草』

人亦善継二其志一不レ隕二此名一也

先侯が中国を手本として枳殻等の薬草を移植した志を継いでこの編纂が行なわれたので、琉球人に擬して呉継志と名づけたというのである。天保八年刊本の曾愿跋文によると、安永末年継志来麑の際のちに薬園奉行になる村田経船がすすめてこの編纂が始まったとあり、また村田は本書の校訂も行なったというから、村田は重要な関係者のようであるが、薬園署関係者の共同作業のため架空の人物に託したのであろうか。村田とは天明八年船奉行格薬園掛の村田為右衛門のことであろう(『藩法集』8上)。『成形図説』提要にある程順則を呉継志に擬する説もあるが、順則は既に享保十九年死去しており、玉里本の記述を信用し薬園署編とすべきであろう。

質問は天明元年(一七八一)から同五年まで、年々七―八十種ずつ行ない、問合わせた学者

本編八巻附録一巻

は合計四十五人、その地域的分布は福建省の二十三人が最も多く、北京・江南・浙江・江西・広東・山西の各地にわたっている。しかも各項にこの見解は何年の誰の回答によると一々注記してある。重豪は本書を手にして非常に喜び、さらに村田に校訂を命じ、和訓をつけて出版を計画したが、取捨の業終らぬうちに重豪が死去した。刊本の藤堂高猷(ゆき)の序文等によると「十二年にして成る」とあるが(『仰望節録附余』)、これは村田の校訂作業を含めてのことであろう。出版は重豪死後世子斉彬が「曾祖考之遺志を紹(つ)いで」(刊本曾愿跋文)天保八年実現した。刊本には回答を寄せた中国人学者の書簡や跋文が多数はいっている。

その内容は本編八巻・附録一巻から成り、さらに本編は内篇・外篇各四巻に分れている。内治(内服用という如き意)に効能のあるもので名称の正しいものを内篇に入れ、外治に施すべきもの及び珍奇なものや錯雑(効能複雑で簡単にきめられないという意か)したものを外篇に加えた。さらに琉球や屋久島に産し漢種に異ならないもので、特に他に移せずその形状がよく知られていないもの、茘枝(れいし)・龍眼(りゅうがん)・橄欖(かんらん)・枳実(からたち)・使君子(からくちなし)等二十二種を附録に収めた。玉里本には附録がなく、その内容は内篇巻之二に収められていて、その後整理されて附録が作られたことを示し、図は色彩が施され、目次の一部に蘭名を記した符箋が張ってある。

本書の内容は、たとえば内篇巻之二の一節をみると、「遠志」の図を載せたあと、これについて、

遠志（コクサ　ヒメハギ）

「原野ニ生ス、春苗ヲ生ス、高サ五六寸、三四月花ヲ開ク」

遠志大葉小葉の二種有リ、根黄色、苗麻黄ニ似テ青シ、三月白花ヲ開ク、根長サ一尺ニ及フ、泗州ニ出ル者花紅、根葉倶ニ他処ヨリ大ナリ、商州ニ出ル者根又黒色ナリ（癸卯、潘貞蔚・石家辰）

と記す。「コクサ、ヒメハギ」は和名で、「　」内が質問、次が癸卯（天明三年）の年の潘貞蔚・石家辰二人の回答である。これについてはさらに翌々五年再質問している。根の小さいのは薬に入れてよいかという質問で、回答は根の小さいのは地味薄きによるもので薬に入れてもよいというのであった。まさに国際的連帯の産物というべきである。

国際的連帯の産物

ところで渡唐船に託して質問を始めた天明元年という年は、鹿児島に薬園署の置かれ

た翌年であり、また江戸の本草学者佐藤中陵成裕を招いて藩内各地の薬草の採集を開始させた年でもあった。本草類について重豪は早くから関心を持っていた。既に本草学者田村藍水に重豪が資料を与えて、これをもとに藍水は『琉球産物志』を著わした。藍水坂上登は阿部将翁について本草学を修め、宝暦十三年幕府の医員となっていた。たまたま明和七年（一七七〇）熊本藩主細川重賢に従って重豪に面謁した。重賢は早く藩校時習館や医学館再春館・薬園蕃滋館等を創建していて、この面での重豪の大先輩であり、本草博物の見識も豊かな好学の藩主であった。二十六歳の青年藩主重豪は、重賢（当時五十一歳）に連れられた藍水（当時五十三歳）が本草の学に詳しいことを知り、彼がこれまで収集していた琉球及びその属島の草木類の乾燥葉等十箱千有余種を藍水に与えた。藍水はそれをもとに、その形状を図にし諸書を参照して名実を考え、さらに私見を加えて『琉球産物志』十五巻及び附録三巻を著わした。同書には明和七年八月の本人の序文と、同八年の政府儒官林懋伯及び医官岡田以閲の序文がある。藍水（安永五年死去）には二子があったが、長子善之は父のあとを継ぎ、『琉球産物志』には撰次を行なっている。次子昌蔵は幕府医官栗本氏を継ぎ、のちに重豪晩年の著『鳥名便覧』の跋文を書いたことは後述の通り

『琉球産物志』

藩士を田村藍水に入門させる

である。

また重豪は藩士を藍水に直接入門させて本草学を学ばせている。すなわちもと宮之城島津家家臣阿野道恕を安永二年表医師とし、ついで医学院講師にあげたが、このころ国産本草の真偽をただしかつ朝鮮人参を植えさせていたので、道恕を江戸の藍水に入門させて物産の学及び人参製造の法を学ばせた（『滄浪遺稿』）。道恕の藍水への入門は安永二年というが、同年重豪はさらに村田丈左衛門・山本五助らを本草学者小野蘭山に入門させた（『薩藩の文化』）。しかし道恕は一年ならずして芝邸で死去した。その後安永九年薬園署を創設し、道恕の子元斎が父の跡を継いでいたのを用いて薬園署見習医師とし、さらに天明二年田村門下に遊学させた（『滄浪遺稿』はこれを藍水門とするが、既に藍水は死去し長子善之の時代）。その後三年天明四年元斎は学成り、翌五年帰国して表医師となり、薬園署に関係して、物産・人参製造の事にもあずかった。そこへ寛政四年藍水の門人曾槃を奥医師として迎え、一段と朝鮮人参の植栽に努めさせたが、元斎も曾槃とともにその事にあずかったというのである。本草に関する重豪の早くからの関心が、『質問本草』の著となって現われたといえよう。

五 『琉客談記』

寛政九年（一七九七）造士館教授赤崎貞幹に命じて書かせた『琉客談記』がある。題名の如く琉球客の談話筆記である。たまたまその前年寛政八年冬、琉球謝恩使尚恪（大宜見王子朝規）が江戸に来て、薩摩藩邸に滞在した。寛政七年尚温王が祖父尚穆のあとをうけて、王位に即いたことを感謝するためである。琉球王府は薩摩藩主島津氏にかかわる吉事凶事には特使を派遣するのが慣例で、これを「上国」あるいは「大和上り」といった。また幕府に対しては将軍即位に際して慶賀使を送り、国王の即位に謝恩使を派遣することが義務づけられ、その「江戸上り」には薩摩藩主が同行することになっていた（『沖縄県の歴史』）。このたびの謝恩使一行は寛政八年七月十七日鹿児島に着き、十一月二十五日江戸着、翌九年三月二日鹿児島に帰り着き四月六日琉球に帰ったという（『追録』、新屋敷幸繁『新講沖縄一千年史』）。

ところがその随従者の中に、清国に渡り福建の学校で学んだという鄭章観・蔡邦錦の二人がいた。重豪は自ら唐音に通じていたこともあって、この二人を召見して親しく彼らが清国で見聞した「勝景佳事」について問いただした。幕府儒官柴野邦彦（栗山）によると、その問答は「交レ語皆不レ因二舌人一、往復如レ響」、すなわち通訳を交えずに話し、会話の往復は打てば響くが如くであったという。しかもその二人の所説がはなはだ詳しく清国朝野の風俗をほぼ知り得たことから、重豪は赤崎貞幹に命じて国語でその問答を記述させて一巻とし、また画工に命じて図を描かせてそのあとにつけさせたという。ただその図は現在残らない。なお松浦静山は『甲子夜話』続編に『琉客談記』全文を掲げている（国立国会図書館本には、寛政九年正月の赤崎の序文がある）。

赤崎貞幹

　この琉客二人は久米村の人というが、久米村の祖先は元来中国福建からの帰化人入植者で、水先案内や舟工あるいは政治顧問として重宝がられ、やがて那覇に久米村（くにんだ）という集落を作ることになった（『沖縄県の歴史』）。著者赤崎は字を彦礼といい、号を海門、俗称を源助といった。もと谷山郷士で学問を好み山田君豹に教えを受け、のち肥後に遊学して藪孤山の門に入った。帰国後城下士にあげられ、天明三年造士館助教となり世子斉宣の侍読になった。同八年現職のまま記録奉行となり、寛政五年物頭、同七年教授、側役格に進み、また幕府は聖堂に式日講釈を命じた。一方幼少のころから和歌を

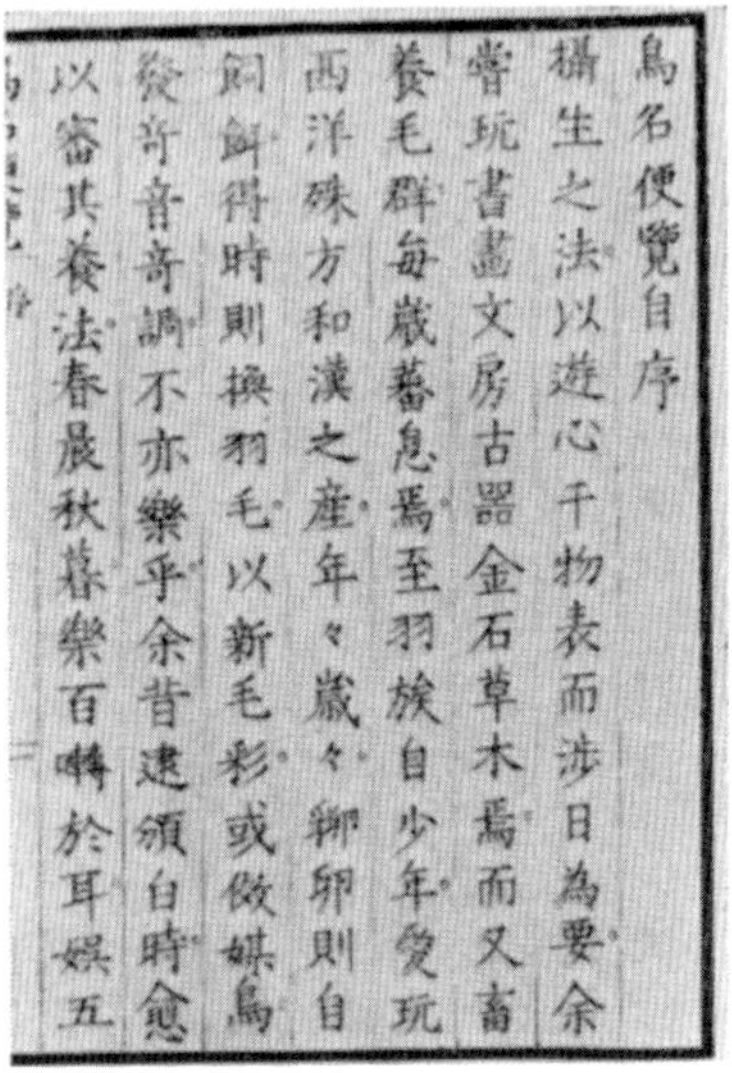

鳥名便覧自序
攝生之法以遊心于物表而渉日為要余
嘗玩書畫文房古器金石草木焉而又畜
養毛群毎歳蕃息焉至羽族自少年愛玩
西洋殊方和漢之産年々歳々卵々則自
飼餌得時則換羽毛以新毛彩或傚娯鳥
發奇音奇調不亦樂乎余昔逮須臾時愈
以審其養法春晨秋暮樂百囀於耳娯五

『鳥名便覧』序文
（鹿児島大学附属図書館蔵）

好み芝山持豊の門に入ったというが、『琉客談記』の著作はこの教授昇進二年後のことであった。これらをみると、あらゆる機会を利用して異国文化の吸収に努めた重豪の積極的探究意欲が、なみなみならぬものであったことを知り得るであろう。

六　『鳥名便覧』

鳥類を好む

重豪は文政十三年（天保元年）春八十六歳の時、曾槃らに命じて『鳥名便覧』一巻を著わした。重豪の最も晩年の編纂物である。重豪の自序によると、彼は少年時代から鳥類が好きで、西洋・和漢の産を飼育し、今日に至ってはその性情をよく知り、類属を弁別できるようになった。そして朝夕それらの和漢の称呼当否を正すことをもって楽しみとしているとある。これ以前文政九年（一八二六）オランダ商館付医師シーボルトに鳥の剝製法を教わり、それ以来多くの剝製品も出来たらしく、多くの鳥が棚の上や池沼及び籠の中にいっぱいになったという。そこでかねて暗記していた鳥の名を侍臣に書き集めさせた。これが『鳥名便覧』であるが、そのあとに幕府医官栗本瑞仙院の跋文がある。

瑞仙院は本草学者として有名な田村藍水の第二子である。前述の如く幕府医官栗本氏を継いで、このころは「法印御医兼医学校教諭管鑑定薬品」の肩書をもつ、斯界最高の地位にあった。彼自身本草学にもすぐれ、特に文化八年わが国虫類図譜の嚆矢といわれる『千虫譜』二巻の著がある。彼の跋文によると、父藍水が細川重賢（しげかた）に従って重豪に謁見してから（明和庚寅）、ちょうど六十一年目（文政庚寅）に本書の跋文を命ぜられた。この奇しき因縁を「栄幸何をか言わん」と喜んでいる。瑞仙院は単に跋文を書いただけでなく、その内容にも多くの助言をしていたようで、よく「栗本瀋州云」として漢名等を掲げている。本書の内容は鳥の名を和名で五十音順に配列し、それに漢名や方言を記入している。たとえば、

メジロ　一名花スヒ薩摩方言大小アリ　漢名繡眼児（しゅうがんじ）陳氏花鏡

属品○朝鮮メジロ一名小メジロ

の如くで、漢名について、例言では「胸記ヲ随録」したと記しているが、その下に出典まで掲げている。このメジロは今日方言で「ハナシ」といっているが、元来は本書記述の如く「花スヒ」で、明治初年の『薩隅煙草録』によれば、花の蜜を吸うのでこのように名付けたとある。このような方言を各所に掲げている。また各条に属品を掲げ、全体で正属合計四百十五品に及ぶ鳥名辞典である。

第七　蘭学への傾倒

一　オランダ通詞の任用

重豪は明和八年（一七七一）江戸からの帰途長崎に立寄り、出島商館等を訪問した。中国語や中国文化に早くから関心を持った重豪であってみれば、オランダへの関心もこの長崎立寄り以後だとは思われない。この時の年番通詞今村源右衛門との関係は前に述べた。その源右衛門について記した碑文で、松村元綱は明和八年のことを記しその理由を「君素（もと）より侯の恩寵を蒙るが為なり」と、両者が以前から面識あるいは連絡があったと思われるようなことばで表現している。源右衛門は当時通詞生活四十五年間の大ベテランで、それまで既に八回（その後安永元年を加えて合計九回）江戸番通詞として出府している。近くは宝暦十年・明和元年・同五年等である（片桐一男『阿蘭陀通詞の研究』）。すなわち重豪はこの長崎立寄りの時以前から、江戸で商館長や通詞からオランダについての知識を得、また薩摩藩と関係のある今村源右衛門とも連絡があって、オランダ文化への関心を高めていたものと考えて間違いあるまい。長崎ではオランダ商館において特に所望して昼食に西洋料理を味わい、その翌々日には平野邸で卓袱(しっぽく)料理をご馳走になったというから、本場で異国料理を味わうことに、大きな期待を持っていたものであろう。

オランダへの強い関心から重豪自身オランダ語を学ぶとともに、松村元綱や堀愛生等のオランダ通詞を任用して、図書編纂などに当らせた。

松村元綱は通称安之丞、君紀または翠崖と号した。特に世界地理に精通し古文辞学の素養も高かった。安永二年御用方兼通詞目付今村明生(あきしげ)が病死したので、松村はその追悼碑文を書いている。松村の通詞世界での地位、古文辞学の能力を想像させる。オランダ語の面でも同じオランダ通詞本木良永の翻訳書を校訂したり共訳したり、また自身の著書もある。地理書の『和蘭地図略説』（明和八年）や天文書の『太陽距離暦解』（安永三年）、その他を校訂し、『象眼儀用法』（天明三年）を共訳し、また訳本に『蛮産諸品訳稿』（天明七年、長崎県立図書館蔵）がある。著書に『新増万国地名考』（安永八年）、『万国地名考』（前者より後のものらしい。海野一隆「天地二球用法国名考」『日本洋学史の研究』Ⅲ所収）や『東西両半球図』

『和蘭航海略記』があり、後者の記事はきわめて正確だという（前出『鎖国時代日本人の海外知識』）。

また新村出博士は安永・天明期のすぐれたオランダ通詞として、

> 第一に挙ぐべきは吉雄幸作（永章・耕作）（中略）、第二に挙ぐべき訳詞は松村安之丞（元綱・君紀・翠崖）である。チチングの推挙によつて天明以後薩摩に聘せられ、島津重豪侯の下で蘭学の事に関係したと云ふことであるが、同藩における事蹟は猶不明である。平沢旭山安永三四も子平安永四も三浦梅園安永七も、皆彼に就いて世界地理の事を問うた。

と記し、さらに、

> 豊後の三浦梅園が同港に遊歴見学した際、訳官吉雄耕牛の家に天地二球や望遠鏡を観たり、同じく名高い通詞の松村君紀に就いて、初めて地動説を聴いたりしたのは同七年のことであった（『続南蛮広記』）。

という。平沢旭山とは山城の儒者で、彼に『瓊浦偶筆』の著があり、その中に次のようなことを記している。自分は『万国図説』を著わしまだ脱稿していないが、その著述に当り通詞の本木良永や松村にいろいろ質して疑問を解くことができた。ただこの図説に採用できなかった話をここに記録して他日の参考にするとして、いろいろ本木や松村との問答を記している。

チチング（Isaac Titsingh）は中国日本の歴史に精通した通詞の一人に松村の名をあげている。大槻如電によると松村を重豪に推挙したのはチチングだといい、チチングはそのことは明言していないが、自分が日本を去るころには薩摩藩主のお抱え学者となっていたと記している。その時期は明確でなく、筆者は一時天明元年ごろと推定したが（拙稿「島津重豪に仕えたオランダ通詞松村元綱」『鹿大史学』第二十四号）、恐らく同二年とするのが正しいであろう。これは薬園署創設の二年後で、向井友章の記述によると、

余、時に適（たまたま）乏しきを薬園の署に承く。曾って林門に学び頗る漢字を知るを以てなり。名を唐山に質（ただ）すことあれば、必ず余に命じて之を草す。君紀も亦蛮字に通ずるを以て、蛮名を記す毎に必ず之に委（ゆだ）ねらる。故に署に於けるや、事相似たるを以て最も親交す。（『滄浪遺稿』原漢文体）

という。向井は昌平黌で七年間学んで天明三年帰国したが、その前年入薩し待機中の松村と薬園署の業務を通じて親交を結んだが、松村は、

命を講堂に待つもの三年ばかり、今玆に果して厳命を下し東都の邸に召し、かつ産物の事を能くする所を用いらる。（同上）

と待機三年で出府を命ぜられたのである。当時『成形実録』編纂事業が江戸で本格化したからであろう。松村の江戸での生活は不明であるが、寛政四年には既に鹿児島に帰っていることが『高山彦九郎日記』（寛政四年四月八日・十三日）にみえ、翌年は藩主斉宣の南薩巡行に従い、田布施で金峰山登山を行なっており、その時の松村の詩に唱和した向井の詩が『滄浪遺稿』に収められている。高山彦九郎によると当時松村は造士館の儒官であったというが、一方寛政五年には、重豪が従来手がけていた『成形実録』改撰のことを、侍医曾槃に命じ、その曾槃自身鹿児島に来て、本草類の収集をやっていたということから、松村もその業務に関係があるのではないかとも思われる。松村のその後の動きは不明であるが、あるいは寛政八年ごろ死亡したのではないかと推測される。その八年後の文化元年『成形図説』が出版された時、蕃語記載責任者が「堀愛生等」と記され、松村の名が記されていないのはそのためであろう。

松村についで招かれたオランダ通詞はこの堀愛生である。この堀については松村以上に解明の手がかりがないが、チチングの記している堀門十郎と同一人だという（『新撰洋学年表』）。そうだとすると、その堀門十郎は天明三年三月三十日、楢林重兵衛が大通詞に昇進したあとをおそって小通詞にすすみ、寛政元年には年番大通詞を勤めているから、天明八年ごろ大通詞に昇進したものであろう（『年番通詞一覧』）。当時の年番大通詞の勤務年代をみると、大体四人が四年目ごとに交替で勤めているので、堀の次期の年番担当は寛政五年のはずであるが、寛政五年の年番通詞は本木仁太夫で堀の名はない。これから推測するところ、あるいはこのころ大通詞をやめて薩摩藩に仕えていたのかもわからない。すなわち寛政五年の『成形図説』編纂着手に当り、堀も重豪に招かれたのではないか。ただ楢林重兵衛の寛政十一年の話によると、松村の死後堀が薩州に仕えたとする。そして寛政十年参府したヘンミイの死に関して堀もヘンミイとの密貿易容疑で捜索されたと話し、当時堀はまだ薩摩国に行かないうちだったという（『楢林雑話』）。これからすると、堀が薩摩藩に仕えたのは寛政九年か十年ごろだろうか。鹿児島大学玉里文庫に、堀門十郎作の鳩小屋雛形等が収められているが、重豪の命で作ったものと考えられ、堀と薩摩藩の関係は否定できない。

桂川甫周

重豪はこのように松村や堀を招いて本草類の蘭名調査に当らせるほか、重豪自身のオランダ語学習にも資したものであろう。

なお天明五年重豪は、将軍家治が内大臣から右大臣に昇格（安永九年）した祝宴を開き、老中水野忠友以下を芝藩邸に招いた。その招待者の中に幕府奥医師桂川甫周の名が見え（『追録』）、また「調所広郷日記」（享和二年二月二日）に「今日桂川甫周殿御出」とあり、重豪が文化元年甫周を介して高輪別邸亀岡十景の詩を諸侯に請い詩碑を建てた時、碑陰記を甫周が書き、それに「抑国瑞（甫周）之家三世得（タリ）レ出二入太公之門一毎二一橋公駕遊一国瑞必得レ追二陪下風一」と記している（『仰望節録』）。これから考える時、甫周が高輪邸に出入りし、重豪に重用されていたことを知り得る。重豪が早くから蘭法医桂川氏を重用しその蘭学知識を活用したろうことを推測させる。

二　オランダ商館長と親交

オランダ語やオランダ文物に興味を持った重豪は、当然歴代商館長と親しく交際した。中でもチチング・ズーフ (Hendrik Doeff)・ブロムホフ (Jan Cock Blomhoff) とはしばしば書信を交換し、特にズーフとは最も親密であった。そのほかロムベルグ（Hendrik Casper Romberg）・パーケレル（Johan Freedrik Baron van Reede tot de Parkeler）・ヘンミー（Gijsbert Hemmij）・スツルレル（Johan Wilhlem de Sturler）等と親しかったという。

チチング（一七四四―一八一二）は安永八―九年、天明元〜三年及び天明四年の三回通算四年余商館長を勤め、松村元綱を重豪に推挙したと伝えられる仲で、『日本（風俗）図説』『歴代将軍譜』『日本年代記』その他の日本関係の著書がある。チチングが重豪と親交のあったことを、フランスの博物学者で旅行家のシャパンティユ＝コシーニュは、一七九九年パリで出版したその著『ベンガル航海記』の中で、次のように記している。

ティチング氏は、ある日本の大名、すなわち現在の将軍の義父であり、あらゆる知識を熱心に追求している人で、ティチング氏と始終文通を続けており、ティチング氏の目的に必要なあらゆる知識と情報とを、ティチング氏に与えてくれるさる大名の好意によって、日本に関するそのコレクションを、今もなお増加させている。（『日本風俗図説』新異国叢書7）

この「ある日本の大名」というのが重豪のことで、後年チチングが多くの日本関係の著書を書くについて、重豪が重要な役割を果したことを伝えている。またチチング自身重豪について次のように述べている。

> 私の日本滞在中江戸や京都・大坂の優れた日本人のうちには、何人か熱心にオランダ語を研究し、オランダの書物を読む人がいた。すなわち現在の薩摩藩主に当る将軍の義父は、その手紙の中で、第三者に秘密にしようと思うことを書く場合には、オランダ語の文字を用いた。（同上書）

チチングの伝える薩摩

と、重豪のオランダ語知識が相当進んでいたことを伝えている。またチチングは同書の中で、重豪時代の薩摩について次のような話を記している。

> ある大名の家来がほかの大名の家来を侮辱した場合、侮辱を受けた者は、もしその侮辱に対して復讐をしなければ、非常な不名誉の誹り（そしり）を受けることになるのである。薩摩藩主の家来たちは琉球諸島とか、そのほかの日本の大きな商業都市で商売をしているが、この薩摩の藩主は他の藩主たちとの争いの起ることを防ぐために、もし自分の家来が他の大名の家来に侮辱を与えられたら、相手を殺して復讐をしてもよろしい。ただしそれは相手を殺したのち、ただちにみずから自決するという条件付

きのうえであるという命令を与えている。（同上書）

また彼が第二回目の参府（天明二年）の折、薩摩藩邸で最近起った事件として聞いた話に、藩主の刀の鞘についた小さな小刀が盗まれたが、調べたら藩士がそれを質屋に入れたことがわかった。だからその者に自決の用意をしろといったら、すでに用意は出来ているといって、法廷で特別の儀式ばったこともせず打首になったというのである。これは日本武士の切腹の習慣について述べた中に記されているが、日本人の恥を知れという道徳が、彼らヨーロッパ人には非常に奇異に感じられたようである。

重豪はその後天明七―八年にはロムベルグあるいはパーケレルに小鳥を求め、鉱石の鑑定を依頼し、またカナリヤ・アコーディオンを贈られたという（『オランダ商館日誌』）。オランダ商館長の江戸参府はこのころ毎年のことであったから、重豪はその機会を利用したと思われる。ところが重豪が隠居してから間もなくの寛政二年（一七九〇）からは、四年目ごとの参府に改められ、それだけ交流の機会は少なくなった。しかしその翌年藩政後見をやめて余暇を見出したこともあって、一段とオランダへの関心を強めた。したがってその後の商館長とは特に親交を結んだようである。そのうちヘンミー（一七四七―九八）は寛政四年から同十年（一七九八）まで七年間商館長の職にあり、その間二回（寛政六・同十年）参府し、かつ前後五回オランダ風説書を幕府に提出している。ヘンミーの日記によると来日の翌寛政五年三月二十一日（陽暦）の条に、

> 通詞の助左衛門が、外国人応接係の名において薩摩藩主から注文のあった七面鳥一羽を要求した。私は喜んでこれに応じ、直ちに与えた。私がいまや、われわれに対して非常に好意的であるプリンスと知り合いになる光栄を持つであろうところの唯一の機会である。（山脇悌二郎『抜け荷』）

とあって両者接近の始期がわかるが、同七年十月三十一日には、

> 薩摩藩主の事務官が、倉庫に残っている一五〇〇カチ（斤）の樟脳を受取られたい旨、年番通詞を通して私に友好的に求めた。それゆえ、会社に対する同侯の周知の好意に答えるため、また、侯が好意をもってしてくれたこの取るに足らぬ量から考えると、侯は幕府の大官達に対し、あらゆる苦心のすえ、これ以上の銅を獲得できなかった私の債務について、喜んで好意的に説明してくれるであろうという理由から、われらの本日の決議に基き、この少量をも受取ることに決定した。（同上書）

と重豪とヘンミーはますます親密の度を深めていた。その後寛政十年ヘンミーは、参府しての帰り、六月八日（旧四月二十四日）遠州掛川（静岡県）で病死した。オランダ商館簿記役・上筆者ラス（L. W. Ras）の日誌によると、江戸出発当日ヘンミーが「江戸の郊外にさしかかった時、薩摩の老藩主が、お忍びでおいでになった。乗物から降りて侯の御前近く進み御挨拶を申し上げたが、これはわれ等の通詞を通してではなく、現在同藩主に奉仕している前大通詞門十郎を通して申し上げたのである。そのあとで藩主は商館長に対し、快方に向われるよう、またよい旅行であるように祈った」という（庄司三男「和蘭商館長ヘースベルト・ヘンミー」『蘭学資料研究会研究報告』第一一八号）。このヘンミーの死因が薩摩藩との密約露見による自殺だという説がある。これから三十年後の商館長メイラン（Germain Felix Meijlan）の記事であるが（『日本におけるヨーロッパ人の貿易についての歴史的考察』庄司論文所収）、幸田成友博士や庄司三男氏の上掲論文では自殺説は疑問だとしている。ただ楢林重兵衛が翌寛政十一年に話したことによると、ヘンミー死後その行李の中から小通詞名村恵助の蘭人あて書簡が出て来て、それに蘭船との密貿易を約した文面があった。そのため名村は長崎で磔刑に処せられ、堀門十郎も同類として捜索されたが行方不明という。門十郎は重豪の寵臣伊集院主水と親交があったので、伊集院が隠しているのかもわからないという（『楢林雑話』『海表叢書』巻二）。名村の件はシーボルトも記している（『日本交通貿易史』）。密貿易の相手は薩藩であろう。重豪とヘンミーの関係の親密さを示している。

またズーフ（一七七七—一八三五）は寛政十一年（一七九九）商館書記として来日し、二年後荷倉役さらにその二年後の享和三年（一八〇三）二十七歳で商館長となり、以後文化十四年（一八一七）まで十五年間、前後に例のないほど長期間商館長を勤め、その間三回（文化三・同七・同十一）参府した。書記時代からすると滞日期間は十九年となり、大の日本理解者となるとともに、重豪とも特別な親交を結んだ。彼の滞日期間が長期化したのは、たまたまヨーロッパにおけるナポレオン戦争の発生で、オランダ本国はフランスに、ジャワはイギリスに征服されるなどして、オランダ船の来航が中絶した等の理由があったからである。その間ズーフはよくイギリスの強圧をしりぞけて出島商館を守り抜き、また本国船の来航のないことにより多くの閑暇を得て、蘭和辞書の著作を企てた。彼自ら記すところによると、

予は一七九九年より一八一七年まで十九年間此国に在留せしが、其間の観察によれば、通詞等は単に日本に在留せる和蘭人との交際によりて、蘭語を学べるを以て、

> 新来の役員の言語は聴馴れざるため頗る会得に苦しみ、又彼等の発音並に言語は、日本流に訛れるを以て、新来者には甚だ難解なりき。予は久しく在留せしを以て、此の機会を利用して、此の障碍の大部分を除去せんと欲し、倦まず日本語を学習せし後、一八一二年に至りて最も優秀なる通詞を選抜して之を補助となし、ハルマ(Halma)の蘭仏字書に準拠して、和蘭人の為に日本語字書を作ることに着手せり。日本政府も此の事業を重要と認めて予に之を完成せんことを求め、予は一八一七年予の出発前に至り之を成遂げたり。（中略）五年勤労の結果たる予の自写せる原本は海に沈没せしも、之を浄書せる別本は日本に遺留せり。（ズーフ『日本回想録』）

という。しかも日本に残った別本について、次のような注がついている。

『ズーフハルマ』の清書用紙を寄贈

> 是は大奉書といへる大形の日本紙に書けり。其紙は予が現将軍の義父なる薩摩侯より贈られしものなり。此紙の真物は得難く、幕府にても唯将軍の命令を書くため、又は進物を包むに使用するに過ぎず。

とその用紙は重豪の贈ったものであるという。これも両者が親交を結んでいた結果である。文化三年のズーフ第一回参府の時、重豪は直ちに家臣を遣わしてその安着を祝い、また諸種の珍品を贈った。そしてズーフが江戸を出発した時は、薩摩藩邸の前で駕籠の簾を掲げ、重豪は家族・家臣たちと邸前に出て黙礼挨拶し、翌日は家臣をズーフらの途中休息所に派遣して前日の好意を謝した。またズーフの長崎滞留中重豪はこれと音信贈答を欠かさなかった（呉秀三『シーボルト先生』）。

なお薩摩藩についてズーフは、

同藩は最も強大にして、其の兵士は日本国中最も豪勇を以て顕はる。将軍は他の諸侯を直に其の命令に服従せしめ得れども、同国に対しては其の威令全く行はれず、此故に親類関係により て幕府と同藩とを結合すること企てられ、同藩主の女（むすめ）は現将軍に嫁せり。（『日本回想録』）

とその強大さを注目している。だがこの時完成した『ズーフハルマ』は一部分で、完全に編纂が終ったのは天保四年（一八三三）というが（板沢武雄『日本とオランダ』）、重豪がこの計画に強い関心を持ったことは事実のようである。あるいは重豪もその写本を作らせたのではないか。ズーフによると「右に述べたる如く、浄書せる別本は長崎の通詞部屋に保存せらるゝが故に、通詞数人の手を藉（か）れば、其の写本又は抄本を作るは敢て難事に非ず。

故に予自身は難船の為に著作の名誉と喜悦とを奪われしも、他の人は多分予の著作によりて之を翫味し得べし」(同上書)とあり、その可能性はあったわけである。

ズーフの後を継いだブロムホフ(一七九一―一八五三)は、初め荷倉役として文化元年(一八〇四)来日したが、例のイギリスの出島商館譲渡強要の際は商館長ズーフを助けてこれを拒み、自らイギリス当局と交渉するためバタビアに行って捕えられるなどした。のちオランダの独立回復後文化十四年ズーフの後任として商館長に任命され、文政五年(一八二二)まで在任し二回(文政元・同五年)参府した。第二回目の文政五年の参府の模様はこれに随行した書記フィッセルの『参府紀行』に詳しい。すなわち同年三月二十七日江戸に着いたが、その日二時品川を出発し「先に一八一八年に自身甲比丹を訪問したる薩摩侯の邸前」を通過したという。第一回の文政元年の参府の折は、重豪自らブロムホフらを訪問したが、今回は家臣を訪問させた。商館長一行の宿舎には多くの訪問者があり、フィッセルは重豪家臣の訪問について、

> 彼は贈物として美鳥十二羽・珍木十五株・雛鶏一番・家兎一番・鴛鴦一番、及絹布数反を持来れり、是等は皆立派なる籠又は箱に入れたれば、其の入物の価額及費用

は却て中身よりも高価なりしならん。(異国叢書所収)

と記している。その後ブロムホフ一行は四月二十一日帰途についたが、その日、

薩摩藩邸の前にて、我等は乗物を下り、門に近寄りて徒歩し、尊敬すべき老侯の家族に敬意を表せり。老侯は現藩主と共に特に窓に面を現はされたり。(同書上)

という。その後四年たった文政九年には有名なシーボルトとの会見があるが、このように重豪は歴代商館長と親交を結び、商館長らも重豪に深い敬意を払った。それと同時に重豪はいろいろなオランダ文物の収集にも努めた。

オランダ文物の収集

寛政二年(一七九〇)商館長として来日するシャッセ(Th. Chassé)がバタビアに居る時、その前年六月に抄録した天明八年(一七八八)の「出島日録」の中に、島津氏がヨーロッパや中国の文物の輸入に努めたことを記しているというが(『続南蛮広記』)、天明八年といえば重豪隠居の直後で、そういうことは藩主時代から大いに心がけていたことと思われる。それから大分のちのことであるが、文化十二年(一八一五)左大臣近衛基前が東照宮二百回忌で出府した折、重豪はこれを高輪藩邸に迎えて歓待した。その時邸内の中の茶亭涼風園には、オランダ渡りの次のような多くの器物が備えられていた。

近衛基前を高輪邸に招く

邸内陳列品のオランダ物

一床掛物　紅毛彩色銅板絵　一幅
柱　孔雀尾扇
高卓
紅毛晴雨出没人形　紅毛砂時計　紅毛押　紅毛白石人形　紅毛硝子鈴　紅毛吹笛
琥珀　紅毛硝子刷毛　天眼鏡　紅毛硯　紅毛虫眼鏡　ヲルゴル楽器　紅毛剣杖
南蛮剣　魯西亜国剣　エンゲルホール
紅毛椅子
二之間　二脚
壁
ループル　紅毛鼓弓　ワルトホールン楽器　ハルシヤ国人形男女
角棚
紅毛硝子器品々飾付
柱
紅毛硝子掛燈爐

（『追録』）

このほか別の部屋にも紅毛菓子入・紅毛本国焼牛置物等があった。重豪はオランダ物だけでなく、唐物も多く収集しており、そのため文政十年（一八二七）には高輪別邸蓬山園中に土蔵を建て聚珍宝庫と命名して、これまで収集した「宝具・玉石・古印・古瓦・百般精工窯器・奇物異産」等和漢洋の品々を収めた。博物館である。

しかし晩年重豪はこれらの宝器宝玩をすべて子供たちにやり、残りは聚珍宝庫に貯蔵していっさい珍玩しないようになった。これについて曾槃は「爽々たる君子の御操なり」（『仰望節録』）とし、物にこだわらぬことこそ摂生第一の良法ではないかと評している。

重豪はこれらの西洋文物収集にとどまらず、鹿児島に毛織物業を広めようとした。寛政年間綿羊を外国から貢いだので、幕府は官医渋江長伯に命じ江戸巣鴨で飼育し、毛織物製造に成功した。諸藩にはまだこの挙がなかったので、重豪はこれを国元に広めたいと思い琉球から羊を購入して蕃息させ、文政元年藩の坂元澄明・小川冨吉を曾槃の弟子ということで長伯の下で修業させて、一年後帰国して羊毛の紡織を広めた。ただ綿羊が少ないので目下その畜養に努めているとは曾槃の記すところである（『仰望節録』）。

重豪は聚珍宝庫建設の前年シーボルトの参府を迎えて交流を深めた。

三 シーボルトとの会見

シーボルト東上

シーボルト(一七九六—一八六六)はドイツ医学界の名門に生れ、ヴュルツブルグ大学で医学を修めるかたわら、植物・動物・地理・人類等の諸学を学んだ。のちオランダの軍医となり、間もなく、文政六年(一八二三)出島商館付の医師に任命され八月長崎に着いた。ナポレオン戦争後のオランダは、日蘭貿易再検討のため、日本の国民・制度・国土・産物等の総合的研究の必要を感じ、その任務がこの博学の青年医師に託されたのである。だからシーボルト自身日本到着以来、積極的に日本研究に打込み、幕府も特別の便宜を与え、やがて彼は鳴滝(なるたき)に塾舎を構えて、医学をはじめ万般の諸学を講じた。その学識の深さはたちまち世に知られ一躍有名になった。そのシーボルトが商館長スツルレルに従って文政九年(一八二六)江戸に参府したので、途中各地で彼の名を慕って教えを請うものが数限りなかった。重豪もその一人であった。幸いシーボルトは長崎出発から帰着までの百四十三日間の行動を『江戸参府紀行』(東洋文庫版)に書き残しているので、わたしたちは重豪及び

重豪、奥平昌高・島津斉彬と大森に出迎える

その周辺の動きをよく知ることができる。その間重豪は四回シーボルトと会談しているが、シーボルトも好意をもって応待している。

まず往路二月二十九日富士川を渡ったところで、薩摩侯の側室とのプレゼントの交換で薩摩との交流が始まった。同日吉原（静岡県）には「オランダ人の大の庇護者である中津老侯の側近がいた」というが、この中津老侯とはこの前の年致仕した奥平昌高である。昌高は重豪の次子で、父重豪と同様蘭学に興味をもち、既にズーフからフレデリック＝ヘンドリック（Frederik Hendrik）というオランダ名をもらっていたほどである。その昌高は父とともに商館長一行を大森に出迎えた。すなわち三月四日大森にて、

薩摩と中津の両侯が江戸から来て待っておられ、われわれと知り合う機会を得られたが、これまでは大名の身分やその他の事情がそれを許さなかったのである。この身分の高いオランダ人の庇護者は、使節の一行が普通休息することになっていた宿屋におられ、われわれは控えの間でしばらく休んでから、歓迎を受ける光栄に浴した。両侯は薩摩の若君と共に、たいそうな好意でわれわれを迎えて下さった。われわれが日本流にすわっていると、その間に運び込まれた椅子に掛けるようにすすめ

られた。薩摩侯は八四歳（実は八十二歳）の老人でおられたが、たいへんに話がお好きで、耳も目もなお完全に元気で強壮な体格をしておられるので、せいぜい六五歳ぐらいだろうと思う。対談中にはところどころでオランダの言葉を使い、侯の注目を集めたいろいろな品物の名をたずねられた。使節との話が終ると、こちらに向き直って私の名を呼び、自分は動物や天産物の大の愛好者で、四足の獣や鳥を剝製にしたり、昆虫を保存する方法を習いたいと言われたので、私は喜んで助力を申し出た。それから侯は私に最近丹毒にかかった右手を見せた。まだ一ケ所口を開いていて、鉛丹膏が塗ってあった。私はちょうど居合わせている侍医の面目を傷つけないようにして、それを使用するのはこの場合不適当であることを説明した。私は必要な薬を書き記して、最近の便で送ろうと申し出た。（『江戸参府紀行』）

使節というのは商館長スツルレルのことで、その会話に重豪がオランダ語を使ったことに注目している。また「薩摩の若君」とは当時十八歳の重豪の曾孫斉彬（なりあきら）のことで、後年の斉彬を思う時、この日の経験は斉彬にとって大きな刺激となったことと思われる。また「侍医」とは曾槃のことではないかと思われるが、シーボルトはその名誉を傷つけない配慮を加えている。このように重豪は次子昌高や曾孫斉彬を伴って商館長一行を出迎えたが、昌高は積極的にこの機会を利用した。この日も、

ちょうど私がこの親切な老侯の前に日本流にすわっていた時、中津侯は私の手をとって次のようなオランダ語ではっきりと言われた。「ドクトル・ジーボルト、私の方へ来たまえ。手紙と贈物を下さってありがとう」と。(同上書)

その後昌高は通詞を介して長く話し、またこのほか公式に一回、しのびで五回旅宿を訪問している。当時四十六歳の昌高はその前年オランダ使節との会見を考えて致仕していたのである。

重豪の正式訪問

三月六日には「われわれは朝、島津侯から織物・生きている鳥・植物などたくさんの贈物を受けた。皆日本的な趣味によって非常に美しく並べてあった」という。同八日は「薩摩侯の名代」が訪問し、越えて九日、

晩に中津侯および薩摩侯の正式の訪問をうけ、立派な贈物をうける。このふたりの大名は音楽・詩歌・書籍・機械類などの話をしながら、夜の大半をわれわれのところで過ごされた。薩摩の老侯は、私が侯を自然科学ならびに医学の門人のうちに加

え、侯のために非常に危険な日本の病気についての簡約な治療方法を編纂するよう切望された。侯は一羽の鳥を持って来られたが、私はお望みにこたえてただちに剝製にしてお見せすると、たいへん満足のご様子であった。私は両侯に立派な贈物を差し上げたが、おふたりとも感謝しておさめられた。老侯はこれに対して以前に帝(みかど)から下賜された、ご自分の扇子(せんす)をくださった。侯はすでにずっと前に私の診察をうけられたことがあるが、現在お元気である。その中に将軍の御台所の母がおられた。老侯の側室がたもいっしょにみえていたが、おみやげにヨーロッパの装身具が残っていたので差し上げた。これらの夫人のうち最も身分の高いお方を診察する光栄に浴した。右胸部の硬化のためで、人々は胸部をあらわにして診せるのをためらった。しかし私は医師としておそらくヨーロッパの方法で診察を行う同意を求めねばならないむねを説明した。全住民のうち大名という階級をわれわれによく示しているのは、この人たちの愛すべき家族たちであった。端正・礼儀作法と上品、心からの親切・誠実・誇りの影さえみせぬつつましやかな教養などは、お丈夫な老侯にも、子供たちや夫人たちにも現われていた——。要するに、これらすべては、教養あるヨ

ーロッパ人の尊敬に値する特性である。（同上書）

重豪がシーボルトの門人になることを願い、大森での約束通り鳥の剝製法を教わって、その後多くの剝製を作って棚に満ちたということ、そういうこともあって聚珍宝庫を創建することになったなどをみると、八十余歳の老人とは思えない情熱を感じさせる。

シーボルトがずっと前に重豪を診察したというのは、両者が直接逢う機会はこの参府旅行が初めてだから、大森で丹毒を診たことを指すのだろうか。

なお薩摩藩士松木宗保（雲泰・雲徳）もシーボルトに入門し、シーボルト治療日記の文政十年五月手術見学者の中に雲徳の名が見えている。雲徳は松木弘安（寺島宗則）の養父である。

「将軍御台所の母」といえば、当時の将軍家斉の御台所茂姫の母於登世になるが、於登勢は既に享和元年に死亡しているので少しおかしい（『島津正統系図』『徳川実紀』『仰望節録』等）。シーボルトの聞き違いであろう。

ついで三月十九日「薩摩侯の側室」が診察を受けた。将軍の商館長謁見も終り、別れ

品川に見送る

の拝謁も終ったあとの二十九日、重豪は再び一行を訪問している。商館長一行が四月十二日帰途につくや、

品川では八二歳になった薩摩の老侯がわれわれをもてなして下さった。侯はまだまだ強壮・快活で話好きな方であった。侯の息子は養子で、本当の父は幕府の高官のひとりであった。老侯は少しばかりオランダ語を話し、かなり前に来日した商館長ティチングをよく知っていたと話をされた。(中略)大森の村では、馬で先に来ておられた中津の老侯がわれわれと別れを惜しまれた。(同上書)

と。今度は斉彬を伴わず昌高とも別々であったらしいが、「養子になった息子」といえば昌高ともとれるが、呉秀三博士のいう如く重豪の第八子孝姫が名宰相松平定信の孫桑名藩世子松平定和の夫人(婚礼は翌文政十年二月行なう)となったことを誤り記したものかもわからない。博学の士シーボルトとの会見に重豪はこよなき満足を覚え、その後もシーボルトと親交を結んだ。またシーボルトに簡易治療書の編纂を依頼したりして、この名医の知識を少しでも利用しようとしている。

しかしこの重豪とシーボルトとの会見については薩摩側の史料、特に重豪譜でさえも

なんらの記述を伝えない。三月九日の訪問が正式訪問であったほかは、隠居大名の微行であったからというのであろうか。呉秀三博士によると、鍋島直孝の『夜談録』に、

> 一日朝往きたりしをり、今日は薩州の老公、奥平の暁山老公御一緒にシーボル(マヽ)に逢ひに入らせらるるよしにて、常は土間なる所に厚板を渡しなど出来て、その側に鉢植の桜二、三本、鉢・つり台に入りたるままあり。之は賜はり物と云ひ、この外いかなる物をか賜りけん、詳には聞えず。この日老公シーボルトに逢ひしをば、あるまじき事を通事の吉雄忠次郎等のはからひとてとがめありて、速かに長崎に帰されたり。老公よりは内々あはれませ百金を賜る。（異国叢書版『シーボルト江戸参府紀行』注記）

あるまじきこと

とあるというが、重豪の行動は幕府側の認識では、「あるまじきこと」と考えられていたという事情もあるからであろう。

もちろん重豪は特に蘭学者に命じて独自の蘭学関係書の編纂をやったり施設を造ることはしなかった。これが大名の有閑事のごとくみられ「蘭癖」などとよばれる理由かもわからないが、鎖国日本の中で僅かに長崎の一角からヨーロッパの光がさし込んでいる

当時、重豪の如き有力大名の果した役割は大きい。まさに「鎖国時代の外国知識の発達は、その研究に生命を賭したる幾多学者の心血の代償であると共に、又我重豪公の如き大なる庇護者の賜物なりと言いつべきである」（大久保利謙「重豪公とシーボルト」『南国史叢』第一輯）。

第八　高輪御殿

一　隠居後見

家斉、将軍となる

天明六年（一七八六）九月八日（実は八月二十日という）将軍家治が死去した。家治には子がなかったので、既に天明元年一橋治済の嫡子豊千代を養子とし、豊千代は家斉と改名していた（『文恭院殿御実紀』）。したがって十四歳の家斉が十一代将軍になるわけであるが、そうなると娘茂姫を家斉の許嫁として一橋家に入れた重豪は将軍外戚ということになる。

島津家では嫡子又三郎が十四歳となったので、十二月七日黒書院で将軍宣下（天明七年四月）前の家斉により加冠元服し、その偏諱一字を賜って斉宣と改名、豊後守を称し従四位下に叙せられ、侍従に任ぜられた。

斉宣藩主に、重豪隠居

こうして翌天明七年正月十八日重豪は幕府に隠居を願い、二十九日幕府はこれを許し斉宣の家督を認めた。重豪の藩内への達しによると、四十三歳の若さで隠居したのは、次期将軍家斉の外戚という果報を一身で占めるより、早く子に譲り島津家の家格を引上げるようにしたいからだ、という意味のことを述べているが（『追録』）、実際は幕閣の方で、大藩の藩主が将軍の舅ということは取扱いが面倒だから諷して隠居させたのだという。隠居の翌三十日、重豪は下総介と改めた。しかし斉宣が若輩だということで、当分藩政を後見することになった。

藩政を後見

一方幕府でも将軍家治の死とともに、老中田沼意次は退けられ、代って白河藩主松平定信が老中上座・将軍補佐となり、いわゆる寛政の治が行なわれることになった。重豪藩主時代は老中田沼の時代と符合し、その隠居と田沼失脚が同年であるという奇しき因縁をもつ。かつその隠居時代四十余年間は、定信の寛政の治から家斉の大御所時代に相当するが、特に江戸文化の爛熟期といわれる文化文政時代は、豪放磊落な重豪の隠居時代に、一段と精彩を放つことになった。

茂姫御台所に

将軍家斉と婚約していた茂姫は天明七年十一月十五日右大臣近衛経熙の養女となり、その翌々寛政元年二月四日家斉・茂姫の婚礼が行なわれて、茂姫は正式に将軍御台所となった。ここに重豪も名実ともに将軍家の外戚となったのである。

隠居後帰国

重豪は隠居するとすぐその三月（天明七年）江戸を出発して、六月初め鹿児島に帰り九月一日出発するまで国元に滞在した。幕府に対して国元温泉での養生ということで帰国許可を得ているが、もちろん藩政後見役としてのお国入りである。時に重豪は四十三歳の壮年であることから、単なる隠居の地位におしこめるべきでないと考えた斉宣は、さきに「これまで伺いをとらなかったことでも隠居には全部申上げ、その後従来通り表役所に申上げよ」と達していた。しかし四年後の寛政三年（一七九一）五月斉宣の帰国にあたり、

藩政後見をやめる

藩政後見をやめたいとの意を告げたが、斉宣の願いにより名目だけは残すことにし、その翌年六月遂に名目も廃した。斉宣が二十歳になったということもあったろう。

これより前天明七年、隠居であり藩政後見の任にある重豪の在国の居館として、二の丸の建築が始まっていた。しかし広間・書院がほぼ完成した翌八年八月、京都の大火で御所や二条城が炎上し、その建築費用として二十万両を献納するなどのことがあって、二の丸工事は一時中止となった。それをさらに寛政二年再開して三年六月完成した。

再び帰国

重豪はそのころ藩政後見をやめ、翌寛政四年九月一日江戸をたって帰国、十月二十二日二の丸邸に入り、翌年八月末まで滞在した。隠居後二度目の帰国であったが、重豪は

これが最後の帰国だと考えていたようである（実際は二十年後もう一度帰国する）。そこで翌五年五月藩内貴賤の高齢者男女一千八百五十一人に、その長寿を祝い金品を与えた。すなわち大身分から無役近習通までは七十歳以上、小番から郷士・与力及び僧侶・社人は八十歳以上、足軽から農商賤民は九十歳以上の者に、金子二百匹とか青銅百匹その他を与えた。このうち百歳以上が六人（郷士女一人、百姓・浦人男女五人）いたという。重豪はこれ以前藩主時代に孝子・節婦・忠僕等の表彰を頻繁に行なっている。たとえば早いころでは明和三年二月城下の立石喜三兵衛の婢に、青銅五百匹を与えて賞した。この婢はもと蒲生郷士の婢であったが、その主家の娘が喜三兵衛の嫁になった時、これに随従して来て、老年になっても力を尽してよくこれに仕えた、というのでこれを賞したものである（『追録』）。このほか節婦・孝子・忠僕等の褒賞は、重豪譜（『追録』）中にまことに数多く記されており、前後の藩主にその比を見ないほどである。五倫五常の道を説く儒教倫理は、重豪教養の中心をなすもので、安永二年聖堂を造ったこともその現われであり、このような高齢者慰労や孝子・節婦の褒賞は、儒教倫理の実践という意味をもつものであった。

藩内の高齢者を慰労

孝子・節婦を表彰

高輪御殿に移る

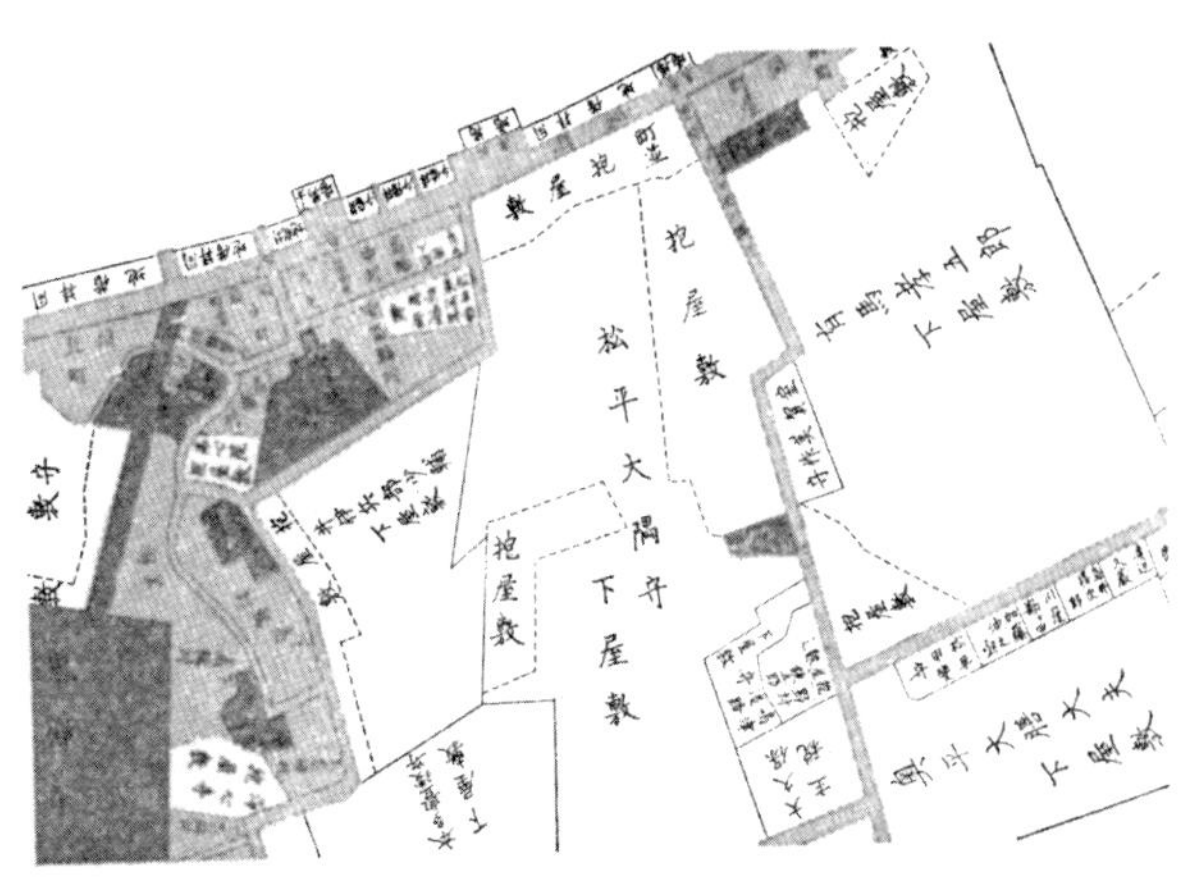

高輪薩摩藩邸所在図
（港区立三田図書館編『近代沿革図集』より）

二　高輪に移る

江戸に帰った重豪は寛政八年三月高輪下屋敷に移った。これまで芝邸隠宅に住んでいたが、公務を離れた後でも、「世塵の煩い無き能わず」（『追録』）ということで、それを避けるためである。ここはかつて藩主光久が隠居したことがあり、また吉貴も初めここに居住したことのある所である。重豪は寛政七年十二月高輪茶屋を高輪御殿と改称し、私蔵の金で隠宅を造って蓬山（よもぎ）（隠）館と名付け、八年三月完成して十三日、時之丞（八歳）・為次郎（七歳）・乗之助（二歳）の三人の子供をつれて、ここに引移った。当時このほかに十五歳の雄五郎が居たが、雄五郎は芝藩邸に残り、御部屋様（将軍御台所茂姫の母於登勢）も大奥の造作ができるまで芝藩邸に残った。重豪は寛政十二年総髪して名を栄翁と改めたが、後世この栄翁の名が有名である。その隠宅蓬山館には稲荷社・天女宮・観音堂・関帝廟を建て、その側に葡萄架（ぶどうか）を設け西洋式の弄玉亭を造り大石盤の時計を置いた。また独楽園と称する花園を造って、享和二年九月十五日完成披露を行なった。

総髪して栄翁と改名

重豪は高輪へ移ってから天保四年死去するまでの三十八年間、ここで気ままな生活を送った。特に書籍編纂や漢洋の文物収集、オランダ文化の吸収等の文化事業に一段と力をいれた。寛政四年曾槃（そうはん）を記室（秘書兼侍医）とし、五年には曾槃・白尾国柱らに『成形実録』の改撰を命じた。高輪御殿移居以前であるが、隠居後しかも藩政後見をやめた直後のことで、重豪治世中最も大部の『成形図説』編纂事業に対する決意のほどをうかがわせる。寛政七年には国柱の『麑藩（げい）名勝考』、九年には赤崎貞幹の『琉客談記』も出来上り、また九年には山本正誼らに『島津世家』の改撰を命じ、それは享和二年『島津国史』として完成した。また享和元年曾槃に命じて荏原郡大崎村の別邸に薬園を造り、翌年陶工星山仲兵衛に陶業修業を命じ、文化元年には『成形図説』の一部三十巻の出版を行な

文化事業に力をいれる

った。また同年五月二日剃髪し、翌二年城下西田村に黄檗派寺院千眼寺を創建した。時に重豪還暦の年であった。

これはその黄檗宗への帰依を示すものと思われるが、このほか高輪に稲荷社等を祭ったり、その他重豪の信心深さを伝える話がいくつか『仰望節録』に記されている。

米之津天神を建立

隠居直後天明七年帰国出府の折、藩境出水（いずみ）郷米之津で泊ったところ、夜間雷雨激しく荒れくるう中、一陣の稲光（いなびかり）とともに鏡が落ちて来た。みると裏に「南無天満自在天神」の文字があり、これを得た重豪は「吾が三国文明の吉祥」（『追録』）と喜び、「日本の儒宗」天満宮を祭るため米之津天神を建立した。

下女の狐つきをはらう

また文政二年侍女付きの下女に狐つきがして、あらぬ事を口ばしり人の吉凶を占うなどするので、侍女は下女に暇を出そうと考えていた。それを知った重豪は下女を憐みしばらく留めよと言って、独楽園の側に小祠を建て保食神（うけもち）を祭ったら、下女の狐つきはぴたりとやんだという。

神の使者蛇を祭る

また文政十年のこと、常に相模江の島弁才天に参詣する人が、ある日石穴の中に蛇のぬけ殻があるのをみつけ、これこそ弁才天のお使いだと考え持ち帰って大事にしている

古墳墓を祭る

のを、重豪は偶然手に入れて巳の日ごとに高輪の天女宮の前で祭ったという。

その前文政五年五月大井村の別邸で人間の頭蓋骨と「文明十三天」(異本、十一年)の文字のある石碑が発掘されたのを知り、小祠を建て霊神として祭った。

木屋町を金生町と改名

また文政十二年城下木屋町に火災の多いのを心配して、金生(かなふ)町と改名した。五行説の「金生レ水(すを)」からとったという。

これらは単に重豪の信心深さを示すというだけでなく、小事でもおろそかにせずまともに取上げて慎重に処置したことを物語る。

霊芝を採る

また享和三年八月、ある大名から霊芝(れいし)が欲しいと言われ、武蔵秩父郡の山中にあると聞いたという曾槃にさっそく探せと命じ、翌朝暗いうちに出発した曾槃が偶然四谷で霊芝を背負った村童に逢い購入して帰った。それを所望の大名に贈ったところ、重豪の家来には空翔ける仙人が居るのではないかと驚いたという(『仰望節録』)。他人の依頼をまともに受けとめ、わざわざ侍臣を探しにやる重豪の積極性を示している。

一橋治済と親交

当時将軍家斉の実父一橋治済(はるさだ)も、寛政三年以来隠居し穆翁(ぼくおう)と称し気ままな生活を送っていたが、重豪とは早くから親交があったので、一段と親密の度を増したと思われる。『重豪公年譜』等に治済が高輪を訪問した記事が多く散見し、寛政十一年から享和三年の間は毎年一－二回記事がある。調所広郷日記（寛政十一年十一月十三日）によると「有レ憚（はばかりあり）御鷹狩より不図（ふと）御立寄之筋ニ而候」という。文政五年九月十五日は芝の薩摩藩邸を正式訪問したが、この時重豪は胴紗小袖十徳着用で芝邸に赴き、斉宣や斉興らとともに治済を迎えた（『追録』）。

また隠居重豪についてこう伝えられている。

重豪公ハ英邁磊落ニマシマシテ小事ニ拘リ玉ハス、御隠居ナサレシヨリ各所ニ微行セラレ人情形勢ヲ視察シ玉ヒ、広大院殿ヲ以テ内申セラレシコトモ尠カラサリシト云（中略）、当時諸大名ハ隠居ノ身ト雖モ幕府ノ許可ヲ得サレハ江戸以外ニ出ルコトヲ得サルノ成規ナルニ、公ハ磊落不覇ノ御性質ノミナラス、広大院ノ御縁古（故）ヲ以テ密ニ上申セラレ、古（故最）西明寺蹟（ママ）ニ倣ハレシト云、故ニ誰アツテ 啄（くちばし） ヲ容ルルコト能ハザリシトナム。（『斉興公史料』）

この中略部分に有馬温泉滞在中に京都へ微行、宇治その他へ漫遊し、大坂に数十日滞在とあり、それがすべて幕許を得ない行動のように受取れるが、後述の有馬温泉湯治（文化八年）の際は正式に幕府に届けており、大坂に数十日滞在などはまったくの誇張であるが、京都・宇治微行は事実であり、広大院への上申なども十分可能性のある話である。

第九　斉宣親政と近思録くずれ

一　『亀鶴問答』

斉宣藩政改革を決意

斉宣は父重豪が藩政後見をやめた後も、隠居重豪の意を損わぬことにひたすら意を用いて十四カ年が過ぎた。そして重豪が千眼寺を創建した文化二年、斉宣もいよいよ独り歩きを始めようとした。すなわち同年『亀鶴問答』一冊を作って家老に示し、藩政改革の決意を表明した。

この書は雲の中から飛びおりて来た丹頂鶴が池の中の亀の質問に答えて君道・臣道のありようを説くという内容である。戦国創業時の君主は苦難の中にその地位を確立したために、万民養育のもとを知っている。しかし現代の君主は生れながらにしてその地位にあるため、万民飢寒の苦しみを知らず、「或は好色に溺れ或は珍器を翫び、或は土木を事とし或は宴遊に耽り、おごりを極め欲に徇い其の職の重きことを忘るるに至る。」

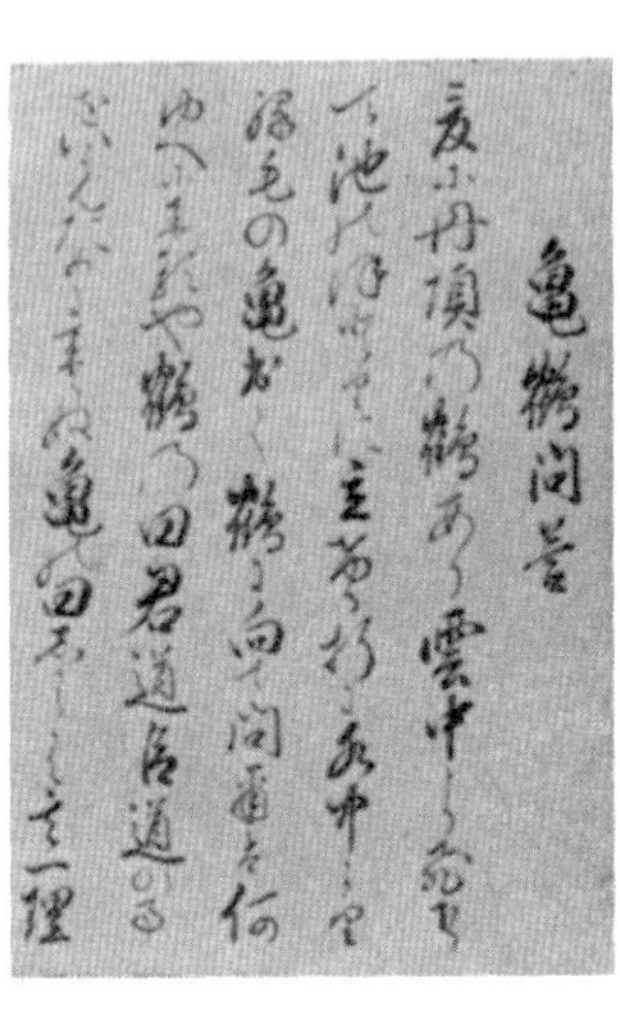

『亀鶴問答』（尚古集成館蔵）

と現代の君主を批判し、万民安楽を念頭にかけることこそ君職の第一であるとし、一方これを助ける臣下も同じであると説く。隠居重豪の生活を直接批判しようと考えたわけではあるまいが、この文化二年は重豪還暦の年に当り、三十三歳の壮年藩主斉宣はそれを待ち構えていたかの如く、十二月二十三日亀と鶴の問答に託して、藩政への積極的な取組みを宣言したものといえよう。

　ついで翌年正月諭達を出して、家老はもちろん諸役人一統の協力を求め、藩財政の困難につき、これまで同様さらに五年間の重出米（かさみでまい）・出銀の延長を命じた。

　斉宣の藩政改革の重点は、近来ますます困難を加えて来た藩財政の改革にあった。その背後には文化元年から同二年にかけて、郡（こおり）奉行久保平内左衛門と鎌田四郎左衛門が、藩命により諸郷農村を巡回調査した報告書『諸郷栄労調』に、近年村の存立もできなくなった疲弊農村が多く、当日の生計すら困難な農民が非常に多いという指摘が、斉宣の眼にとまったこともあったろう。

二　財政の困難と重豪の対策

藩債の累増

もちろん藩財政の困難は近世初頭からのこととされ、歴代藩主も藩債の累増に悩み、したがって「所帯向難渋」を訴える藩達は枚挙に遑のないほど出され、その対策も講ぜられて来た。しかし藩債は一向に減少せず、藩政初期以来の藩債の動きをみると別表の通りで、既に重豪襲封直前の宝暦三年には銀四万貫（金六十六万両）に及んでいた。しかもこの年十二月藩は幕府から木曾川御手伝普請を命ぜられ、それに要した経費は四十万両にのぼり、それを人別出銀・諸支出銀米の削減あるいは重(かさみ)出米その他で賄うとともに、不足分として上方から一万三千三百七十八貫余（金二十二万百九十八両）を借入れた。同五年六月藩主重年が死去し、七月重豪が襲封するのであるが、当時の藩債は恐らく九十万両近くに及んでいたと思われる。したがって重豪もこの藩財政の窮境を打開するために、

重豪の財政打開策

いろいろな対策を講じた。まず宝暦十一年緊縮令を発するとともに、人別出銀五分・牛

馬出銀一匁、大小帆船一反につき出銀五分・重出米二升の賦課を達し、さらに同十三年、五年間の特別緊縮令を発した。

七年間の倹約年限を達する

一方で藩主専制支配体制の確立を進めるとともに、さらに明和五年（一七六八）四月には向う七年間の倹約年限を達し、重豪自身平常の食膳は従来の一汁二菜を一汁一菜に改めるのをはじめ、衣食より燈火に至るまでの二十数カ条の日用品等の詳細な省略を規定した（『藩法集』8上）。藩主自ら省略に着手し緊縮の徹底を期した。その後倹約年限は二回にわたり七年間ずつ延長され、結局重豪隠居の翌天明八年にまで及んだ。

藩債の動き

年　次	借銀高	（金）
元和2(1616)	1,000貫余	(2万両)
寛永11(1634)	8,000貫余	(18万両)
同　17(1640)	21,000貫余	(34～35万両)
宝永7(1710)		(34万5千両)
寛延2(1749)	34,000貫余	(56万両)
宝暦3(1753)	40,000貫余	(66万両)
享和元(1801)	72,600貫余	(117万両)
文化4(1807)	76,128貫余	(126万両)

人配

これらの消極的対策を進めるとともに、貢租の完納増徴に万全を期し、また人口稀薄な東目（ひがしめ）地方（日向・大隅地方）に人口稠密な西目（薩摩西南部）から強制的な人口移動（人配（にんばい））を行なって、寛郷農村の農業生産の増加をはかった。それとともに櫨（はぜ）・楮（こうぞ）・漆（うるし）等の商品

重豪時代の災害（『鹿児島県史年表』より）

年次		災害
宝暦	五	徳之島飢饉（餓死三千人余）。
	七	谷山大火。
	八	大風。
	十二	（江戸芝藩邸類焼）
明和	四	徳之島天然痘流行。
	六	大風のため田地十万石以上免高となる。虫害。
	八	田方虫害。
安永	元	徳之島悪疫流行、翌年に及ぶ（死者千七百余人）。（江戸桜田藩邸全焼）
	三	鹿児島大火。
	四	麦作霖雨のため収穫不能。（江戸藩邸火災）
	五	諸外城感冒流行。（田方豊作、五十年来）
	六	徳之島大風数度。（飯料欠乏）
	七	大風数度。普請夫数万に及ぶ。
	八	都城大地震。桜島噴火（死者百五十人余、

生産を積極的に奨励し、さらに安永四年菜種子専売制、同六年奄美大島・徳之島・喜界島三島砂糖の専売制を実施した。三島砂糖については早くから貢米をすべて砂糖で納入する換糖上納令が定められており、安永六年の砂糖専売制は、後年天保度の惣買入制の先駆をなすものである（黒田安雄「安永・天明期における薩摩藩の動向」『地方史研究』一二〇号）。

天変地異の頻出

一方重豪の治世中上表の如き天変地異の頻発もあり、これらの努力にもかかわらず藩財政の逼迫は決して緩和されなかった。こうして前表の如く文化四年には藩債百二十六万両余という巨額に達した。

	田畑損高二万石に及ぶ)。
九	桜島噴火、両度。
天明元	安永島附近噴発。
二	風水害、領内一統凶作。徳之島凶作。
三	米価高騰。徳之島凶作。
四	風水害両度。琉球霖雨、ついで大風。
六	水害・風害・虫害相つぎ、田畑被害多く、死傷者を出す。徳之島凶作。（桜田藩邸類焼）

三　近思録党の進出

ここにいよいよ斉宣は藩政の改革に着手するのであるが、その中心として用いられたのが樺山主税（権左衛門・久言）・秩父太郎（季保）らである。

樺山は藺牟田領主で家格一所持の門閥であった。文化三年三月当番頭用人勤、同八月勝手方用人寄となり、翌四年正月十一日大目付に抜擢された。同年十月二十三日斉宣の帰国をきっかけに改革が本格化するのであるが、その翌々二十五日樺山は特に謁見を願出て「先年来御国政ノ弊、家老已下姦佞邪欲其任ニアラサル儀トモ申上」（『有馬甲川先生覚書』）、以後「毎日御用有之、御前へ被二罷出一」（『文化朋党実録』）という。こうしてその翌十一月十九日家老に進められ、勝手方・琉球掛を命ぜられた。

一方その翌二十日勤方差控中の勝手方家老新納久命以下を罷免し、前家老高橋種央・赤松則決（嫡子則敏は市田盛常の聟）に隠居・剃髪を命じたが、その後吟味役・郡奉行等免職・

市田盛常を罷免

降職になる者が多かった。特に翌五年二月四日定府留守居家老市田盛常を罷免して帰国・慎を命じ、同十四日その嫡子小姓組番頭市田義宜をも免職にした。市田盛常は重豪の側室於登勢（おとせ）の弟で、於登勢の子茂姫は現将軍家斉の御台所である。前将軍家重の死去した天明六年市田は定府奥掛家老に任ぜられ（十二月十三日）、その後寛政元年家老をやめ家格一所持に進められていたのを、同四年五月十九日家老に再任され、「江戸居付ニテ万事（市田）解由計ニテ在国ノ同役共皆其指揮ニ相従フ」（『有馬甲川先生覚書』）状態であった。したがって今度斉宣が、市田の手先はすべて免職にした、あと市田一人になったとしてその罷免を提議した時、家老鎌田典膳は「是ハ六ケ敷者ニ御座候、公儀ニ段々ヒビキ合有レ之候者ニテ御座候」（『文化朋党一条』）と危懼（きく）の念を表明した。それに対し斉宣は、公儀に影響があるというがそれなら先年（寛政元年）も同様で、その時と何も変りはないではないかという言葉で、鎌田も二言なかったという。しかし寛政元年は茂姫もまだ十七歳で御台所となったばかりのころであり、市田も家格門閥に列せられるという恩典もあった。それから二十年後の文化五年における市田の公儀への影響力は、大きな違いがあると思われるが、この差異を無視した斉宣の判断は、その藩政改革を挫折させる大きな要因となった。さすがの斉宣も市田が難なく帰国したので非常に安心し、「頓と帯をとき候心持」(同上書)になったという。

市田一派を退けた斉宣は、新たに樺山一党の任用人事を行なった。まず文化四年十一月二十八日当番頭用人勤秩父太郎を大目付・家格寄合に抜擢し、十二月六日にはもう勝手方・表方兼務の家老に任じた。目にもとまらぬスピード出世である。

秩父は以前目付在任中農民の貧富状況視察を命ぜられた時、民の疲弊はわざわざ出かけるまでもなくよくわかっていると大目付新納久命の命を拒否し、秩父に同意した清水盛之らとともに、享和二年正月罷免され慎を命ぜられていた。それを斉宣側近のとりなしで五年後の文化三年七月赦免されていた。その間秩父は同志隈元軍六その他と造士館書役木藤武清に『太極図説』の教えを受けて門下生となり、樺山主税らにもすすめて入門させていた。木藤は古学特に徂徠学を排斥し『近思録』の講究を重んじたことから、その一派を近思録党とよんだ。秩父は同志とともに日夜集会し、政治・経済・人道等について討論していたのを斉宣に登用されたのである。秩父の家老任命についても家老鎌田典膳から「衆人帰服仕間敷(まじく)」と反対意見が出たが、斉宣は、夫ハキコエヌ、何様ノ訳ニテ左様申候哉、此節大事ヲ計ルニ段々人ヲ撰ヒ候得共、其任ニ当ル者太郎外ニ無レ之、（『文化朋党一条』）

と強く要請して承服させたという。こうして樺山・秩父は鋭意改革に取組むことになるが、その際側用人・側役を始め諸職につぎつぎにその一党を挙用して、藩政の中心を近思録党で固め、下級役人に至るまでいっさい他派を排斥した。同志の一人甲川有馬義成でさえその冷酷さを次のように記している。

秩父家御家老被二仰付一候已来、諸役人中へ聞合方被二仰渡一、父子兄弟ノ交リ・勤方ノ曲直具ニ被レ承、其上退役被二仰付一候人々数十人、清水・隈元平太抔ヨリ、佞人ノ魁タルモノトモ免役被二仰付一候ニ、小役場ノ者共只其儘ニ被二召置一度旨、再度被レ申候ヘトモ、一人ノ小人モ朝庭（ママ）へ容置候儀、不二罷成一段返答ノ由、（『有馬甲川先生覚書』）

四　近思録党の改革

こういう激しい人事交替劇のさ中、樺山・秩父らは矢継早に改革を実施したが、その主要な点は次のようである。

一、造士館改革

二、諸役場の廃止統合と人員整理等

三、諸役場の綱紀刷新

四、藩財政の再建に関する幕府対策

造士館改革

近思録党の名で呼ばれる如く、彼らは一種の儒学的政策グループである。したがって最初に手がけたことは、藩校造士館の改革であった。改革の内容は詩文尊重の学風を改めることで、そのため造士館スタッフの全面的入れかえを行なった。教授山本正誼はかねて木藤一派の過激な言動を不快に思っていたので、『斥非論』（現存せず、内容不明）を書いて近思録党を攻撃したことをきっかけに両派が激突し、山本は文化四年十二月『斥非論』の提出を命ぜられ、二十六日は斉宣の面前でみだりに書（『斥非論』を指す）を著わして政治を評論したことを譴責された。また同日藩主の面前で山本の弟子助教勤橋口権蔵らに『太極図説』の講釈を行なわせ、これに対し秩父の非難問詰数刻に及んだという。

ついで十二月二十九日樺山を造士館掛にし、同日秩父の署名をもって諸人学問精励・

講堂出席を示達した。こうして近思録党は造士館を勢力下におさめ、翌五年正月二十一日これまで永く造士館の中心的地位にあった教授山本正誼を罷免した。同時に同年二月二十三日加治木領主島津久照及びその父隠居久徴を譴責した。久徴が天明四年造士館にならって加治木に学校毓英館を創建し、かねて山本正誼と親交があったからだという。

山本正誼罷免

次に諸役場の廃止統合と人員整理を行なって経費節減をはかった。文化五年正月二十六日、一匁出銀・牛馬出銀・船出銀の免除と鹿児島の尾畔下以外の鷹場の廃止を決定した。さらに二月二日聖堂の春秋釈菜を中止し、二十二日には大番頭・道奉行・鳥見頭等々の諸役・役場を廃止した。ほとんどが重豪の創設したものである。さらに三月五日諸役場の奉行・頭人等の上級職の執務の厳正を達し、四月五日には一門はじめ諸士の学問態度について、文芸のみをもてあそぶのは、国家の用にたち難いと批判した。そして、「異端古注をもてあそび、又は徂徠すき学問を致す者は屹と禁制申付け置き候」(『文化朋党実録』)と、詩文尊重の風とともに、異端古注並びに徂徠学を禁止した。それとともに門閥層の衣食住の華美を戒め、質素廉恥の士風に復帰すべきことを達した。

諸役場の廃止統合等

ただ以上の如き消極的施策だけで、膨大な藩債の整理・財政力の向上充実は望みうべくもなかった。この点は秩父らも十分認識しており、そのため彼らは更に㈠幕府からの十五万両借入れをはかるとともに、㈡参勤交代の十五年間免除と㈢琉球を通じての中国貿易の拡大を幕府に請願しようとした。このうち㈠・㈡はまったく幕府に頼る収入確保乃至支出節減策で、積極的収入増加政策は㈢の実現であった。

琉球は毎年一－二隻の進貢船か接貢船を清国に派遣する進貢貿易を行ない、藩は琉球に貿易資金や交易品を支給していた。もちろん幕府は貿易資金を規制し、琉球を通じて入ってくる唐物も白糸・紗綾だけを京都問屋で売捌くことを認めた以外は、すべて他領搬出を禁止した。しかも幕府の行なったたびたびの貨幣改鋳や白糸・紗綾の品質低下で、進貢貿易は著しく不振状態にあった。近思録党はこの点に着目し、進貢貿易の拡大を藩財政の危機打開策の一助にしようとした。

ただこれらの政策の中には幕府の大名統制政策の根幹にかかわるものや、幕府の貿易権に挑戦する如き面を含むものがあって、このような請願自体幕府との間に大きな政治問題を惹起する可能性があった（黒田安雄「薩摩藩文化朋党事件とその史的背景」『九州文化史研究所紀要』第十九号所収）。

五　重豪激怒、樺山・秩父を罷免

このような近思録党の改革が、重豪政治の完全な否定につながることは明白で、重豪の感情を逆なでするものであった。既に還暦を迎えまったくの御隠居様と思われていた重豪も、さすがにこれには激怒し、自ら改革責任者秩父以下の弾圧に乗り出した。

家老頴娃の出府を命ずる

文化五年四月十三日、重豪から家老の一人頴娃久喬（えいひさたか）に至急出府せよとの命令を携えた急飛脚が到着した。初め斉宣は頴娃の出府を差留めようとしたが、それはかえってまずいという秩父らの反対でしぶしぶ出府を認めた。しかし「高輪（重豪）から樺山・秩父の罷免を仰せ出されても、決してお請けしてはならぬぞ。」と頴娃に一本釘をさすことを忘れなかった。

樺山らの役を免ずる

こうして頴娃は五月三日、樺山も翌四日鹿児島を出発した。秩父も出府のはずであったが、嫡子太郎の死去で出発を見合せた。しかし江戸表では既にその前四月九日、重豪により樺山・秩父の役免・隠居・引入・慎の処分が申渡されていた。既に出府の途上にあった樺山は、五月六日米ノ津（出水市）で役免の通達を受けた。樺山は押して出府するといったが、結局出水に待機して斉宣の差図を受けることにした。これを知った斉宣は八日、これは市田出雲（盛常）のやったことに相違ない、今日市田を手討ちにすると言い出した。これに対し秩父は、それは逆効果だ、むしろ太守様の参勤を早めてわたしどもをお供に命じていただき、御隠居様の不興に対しお互いの身を守ったがよいとした。

斉宣必死の抵抗も急変

　そこでまず八日夜側役隈元軍六をして穎娃のあとを追わせ、樺山・秩父は罷免しない旨をいい含めさせ、翌九日両人に慎を命じ、樺山は私領に引越すに及ばず私宅に帰るように命じた。斉宣必死の抵抗である。

奏者番有馬誉純

　ところが斉宣のこの態度は十二日急変、樺山・秩父に役免・隠居を命じ、秩父は家格寄合を小番に下げた。『文化朋党実録』は「昨日飛脚到着、御書（或曰有馬左兵衛佐様御書）相違の処、思召相替り是に及ぶ由相聞ゆ」と記している。即ち幕府奏者番有馬左兵衛佐誉純（しげずみ）の書に接し、幕意のあるところを察した斉宣は万事休すと観念したのである（黒田安雄『薩摩藩文化朋党事件とその史的背景』）。誉純は越前丸岡五万石の城主で、重豪第七子久昵（ひさちか）を文化元年五月養子に迎え入れていたもので、重豪の働きかけは十分察せられる。既に市田出雲出発前重豪はこれを招致し、重豪付側役伊集院隼衛も市田の所に行って長く対談した等、重豪は十分の配慮をめぐらしていた(『朋党類纂』)。またその市田罷免を重豪に報告する使者として出府し、家老交代まで江戸詰留守居として対外的には家老と唱えよと命ぜられていた若年寄島津安房久備(ひさより)に対し、幕府は御目見を拒否してもいた(『追録』)。

幕府、島津安房への御目見拒否

穎娃のあとを追って五月八日出発した隈元軍六は、草津附近で穎娃に追付き、秩父らの罷免を拒否する旨の斉宣の書面を渡すと、「信濃殿(穎娃久喬)様子臆タル模様」という(『有馬甲川先生覚書』)。穎娃はこの書面をみて重豪からどんな雷が落ちてくるかと憂鬱になったのであろう。こうして穎娃は、

着府ノ上御届申上候処、遠国ヨリ罷登候付三日休息スヘシトノ事ニテ(同上書)

穎娃久喬、重豪に面謁

その後重豪の前に召出された穎娃は、どんなにはげしく怒られるかとびくびくしていたところ、思いがけず「その方は酒を呑むか」と尋ねられた。「それ相応に」と申上げると、では呑めといって重豪自身で大盃についでくれた。あまりの歓待にすっかり嬉しくなった穎娃は、前後不覚になるほど酔っぱらって退出した。その翌日「御用聞召サルベク候間罷出ツベシ」との命で、八時ごろ罷出て樺山・秩父両家老の就任以来の改革内容を逐一書付けたのを読むと、一々読み終るごとに「モットモノ事ナリ」と相槌を打つ。

四時ごろ何の沙汰もなくもうよいということで退出し、ほっとした穎娃は旅宿へ帰り書役や用達を呼出し、「今日ハトント安心イタシ候」、国元出発の時から申上げようと考えていた書付を残らずお耳に入れたら、この上なく喜ばれて「イト顔色ウルワシク相見居リ候」と予想に反した重豪の上機嫌に、たらふく飲んですっかり安心していた。そこへ翌日またまた呼出されて行ってみると、重豪は昨日にうって変った顔色で「御台様へ対シ奉リ不届キノ取扱イ、カツ拙者へ対シ候テモ不都合ノイタシ方」不忠不孝をすすめる逆意者どもである。秩父・樺山以下その党類の者どもを詳しく調査して申し出よと、思いがけない烈火の如き怒色満面の顔付で命ぜられたので、穎娃は一言も言えずただただ恐入って退出、旅宿の玄関から酒の燗をせよと高声でおめきながら帰って来て、見るも哀れなふさぎようであったという。相手を安心させてすっかり吐かせた上、雷を落す重豪は、なかなかの役者である。

またこのころの重豪が如何に満々たる覇気に満ちていたか、後年家老調所広郷腹心の部下となる海老原清熙は、重豪について、

文化の初、ロシヤ蝦夷地を掠、英人長崎を擾りたる時、官に請て躬ら是に当んと左

右を相手にして撃剣を試みられし由、其時年六十余、実に盛なりと云可し。（『薩藩天保度以後財政改革顚末書』、以下『顚末書』と略称）

と驚嘆している。英人云々は文化五年八月のフェートン号事件を指すが、正しくこの年こそ重豪が樺山らの処分を断行した年である。

六　近思録党処罰

樺山・秩父切腹

「秩父・樺山の与党をくわしく調べて申し出よ」との重豪の命で調査が進められ、文化五年五月から十月にかけての半年の間に、彼らに消息を通じたと見られる関係者の罷免・処分が相ついで行なわれた。樺山はその後閏六月二十一日私領において座敷入を命ぜられ、ついで九月二十六日内達により切腹し、秩父は同じく閏六月二十一日悪石島へ遠島、便船のあるまで囲入の申渡しを受け、翌七月六日内達により切腹、高・屋敷・家財没収となり、十一月二十七日絶家となった。

そのほか側用人清水盛之・同勝部軍記・側役隈元平太・同森山休右衛門・世子付側役隈元軍六の五名は、ともに五月十二日差控・慎、閏六月二十一日役免を命ぜられたが、清水は七月十二日切腹、他の五名は九月十二日内達をもって切腹した。清水については一応自殺とされるが、その実大目付より内達があったものである。

さらに納戸奉行堀甚左衛門・小納戸大重五郎左衛門・目付岡元千右衛門・同小島甚兵衛・物奉行吟味役勤日置兼儔の五名は、閏六月二十一日慎を命ぜられ、九月十二日ともに内達をもって切腹、さらに目付裁許掛尾上甚五左衛門は五月十三日慎を命ぜられ、九月二十六日内達により切腹した。

こうして樺山以下十三名が切腹を命ぜられたが、その時期は秩父が最も早く樺山が最も遅い。秩父が最高の中心人物と目されたからであろうが、樺山については藺牟田（いむた）領主であり、かつ岳父左京久智は重豪の藩主時代最も信任された家老であったということから、その処分決定がおくれたものであろう。ただ秩父ら一党の精神的支柱となった木藤武清は、徳之島へ遠島を命ぜられて、切腹は免かれている。

これら十三名の切腹をはじめ遠島二十五名、寺入四十四名、逼塞十九名、以下役免・慎・待命・揚座敷入・奉公障・叱等の処分十名、合計百十一名の大量処分が行なわれた(『文化朋党実録』『近崩名書』等)。こうして藩政上から近思録党は一掃されることになったが、これを文化朋党事件、俗に近思録くずれとか秩父くずれという。処分者の数においては、四十二年後の嘉永朋党事件（お由良騒動）をしのぐ大量処分で、近世薩摩藩政史上最大の政変であった。

大量処分の理由

では重豪激怒の理由は何であったか。有馬義成は前記の穎娃久喬が重豪の激怒を受けた記述等について、「俗説ヲ以記ニアラス、証拠アル事ナリ」とし、覚書著述の文化十二年当時「ソレヲ詳ニ記ハ忌憚スル所多シ」と証拠の明記を避けている（『有馬甲川先生覚書』）。ただ有馬の理解によると、重豪激怒の理由は御台様へ対しての不届な取扱いと重豪に対する不都合ないたし方、すなわち「不忠不孝ヲ進ル」点にあったという。常に、『君道』を左右におき儒教倫理の実践を念頭におく重豪にあっては、秩父・樺山は全く「不忠不孝をすすめる逆意者」とうつったのである。「不忠不孝」とは具体的には、市田盛常（出雲）に対する処置や、諸役場廃止等にみられる重豪政治の否定、直接的には斉宣が秩父らの罷免を拒否しようとした態度などを指すと思われるが、しかしこれだけでは責任者処分の理由にはなり得ても、百人を越す大量処分の理由とするには少し無理があるのではないか。むしろ秩父らが幕法・藩法ともに厳禁する党類を結び、市田以下の総退陣をはかってその一党で藩政を壟断しようとした点に、激怒の最大の理由があるのではなかろうか。

結党の罪を問う

重豪はその後再び藩政を後見するが、それに当り文化五年六月の示達のなかで「畢竟右の通り風俗宜しからざる所より、全躰(ぜんたい)一和致さず、党を結び候事にも成り立ち、仕置の妨げに相成り、然るべからざる事に候」と述べたが、さらに半年余にわたる近思録党の処分を終え、その実相を究明したのちの文化六年正月及び翌々八年三月の示達等では、よりはっきりそのことを明言している。まず前者で若い者の学問武芸修練のために造士館・演武館を設置してあるのに、かねて懇意の者が申合せて夜会等を企て、勝手に寄り集まって会読または武術稽古をやっていた。これが国内紊乱の基であり、今後いっさい禁止するとある。さらに八年の示達では、わが藩では大身小身にかかわらず藩士はすべて譜代の臣であり、したがって先祖以来定めおかれた禁制等は十分よく守っているはずであるのに、

此れ以前には実学と唱え党を結び、其の後も右類の儀これ有り、又々近頃には亡樺山主税・亡秩父太郎与党を催し夜会等を致し、類を求め御政道の妨げに相成り、御

国中一統混雑に及び既に公辺へも内々は相響き候故、（『追録』）

と党類が政道の妨げをしたことを強調し、特に党類を結ぶことは毎朔の御条書でも厳禁していることで、秩父らの行為は他国にも聞こえ、藩の外聞にもかかわることなのに、その弁えもなく譜代の恩を忘却した「誠に以て不忠の至りに候条」と、処分の理由が、毎朔の条書等藩法の厳禁する党類を結んだことにある点を明言している。すなわち秩父らの行為はまさしく封建支配維持の根幹にかかわるこの禁制を犯したと判断されたからであり、これこそが大量処分の根本的理由であった。

第十　再び藩政後見

一　意欲満々

秩父ら近思録党の処分は終った。しかし、これで事件がかたついたわけではない。秩父らを登用し改革を行なわせ藩政を混乱させた最高責任者斉宣の、責任が問われるところである。

斉宣隠居

三十七歳の斉宣はここに文化六年六月十七日遂に藩主の座をおりて隠居し、豊後守を修理大夫と改め、家督を十九歳の嫡子斉興に譲った。

斉興藩主に

こうして斉興は近思録くずれの余波を受けて襲封するが、四十二年後にはお由良騒動で致仕するという、奇妙なめぐりあわせになる。斉興襲封で隠居が二人できた。そこで以後重豪を大御隠居様、斉宣を御隠居様と呼ぶことになった。これは重豪死去の天保四年まで二十四年間続く。文化十一年六月十八日斉宣は白金邸に移り、同十四年十二月九日総髪して渓山と号した。その後文政二年財政緊縮のため大崎に移ろうとしたが、斉興の懇請で実現せず、重豪死去の年高輪邸に移った（『斉彬公史料』）。

再び藩政を後見

斉興襲封より前、樺山・秩父の罷免が確定した直後の文化五年六月四日、家老頴娃久喬・島津安房は重豪に対して、今後再び国政を後見するように願い出て、その承諾を得ていた。さらに斉興襲封後、斉興が二十一歳（実は十九歳）で年若いことを理由に、文化六年六月十九日藩政後見を願い出て、幕府の許可を得た。公式の藩政後見はこの時からである。こうして文政三年八月まで実質十二年間重豪の藩政後見が続くが、六十五歳から七十六歳という老齢にかかわらず、藩政のたてなおしに満々たる意欲をみせるのである。

島津斉興像（尚古集成館蔵）

五年間の財政緊縮

重豪はまず、実質的藩政後見に乗りだした文化五年六月、さっそく党類を厳禁することと、以後五年間の厳重な財政緊縮を命じた。そのなかで、「是迄の倹約筋とは訳も相替り候儀と相心得」、一段と倹約につとめるよう達している。特にその後九月の示達では、江戸・京都・大坂三都の借銀が増加し、利払いその他の諸経費は、これまでの藩の生産物代金では相当不足し、大坂屋敷の経費もとどこおり、差当りの勤めごとも調いかねる状態で、このままでは藩財政が破綻するのは必至である。したがって掛役々に申付けて緊縮につとめ、国産の状態等も追々よく調査して、対策を考えるつもりである。隠居の身で国政後見を引受けたのは誠にたいへんで、

　先年介助を致し候節とは訳合も相替り、老年の儀万一その詮相立たず、成就致さず候わでは、老後の恥辱何とも残念の至りに候故、日夜これのみ心労致し候、（『追録』）

と並々ならぬ決意のほどを披瀝した。近思録党を処分したからといって、重豪が藩財政の困窮とその打開について、等閑視していたわけではない。近思録党が、党外者を性急に排斥し、特に彼らが党類を結んだことに重豪の怒りが爆発したもので、財政改革の必要性について見解の相異があったとは思われない。

ただ樺山・秩父らが重豪時代の諸施設を廃止したりしたものについては、彼らの処分後多く旧に復した。たとえば七月春秋釈菜を名目のみたておくことにしたり、九月諸郷に鷹場を設けることにした如きである。なお、樺山ら在任中の書類等は焼捨てあるいは

その名前を削除することにし、樺山らによって処分された人たちも多くはその処分を解いた。近思録党のイメージを一掃しようというわけである。

他所者排斥を戒める

しかし重豪の後見期間中の重要な施策は、近思録党と同様財政対策であり、さらに他の一つは重豪念願の風俗矯正であった。後者について後見当初の文化五年六月の前述の示達の中で、元来城下士は同朋であるはずなのに、他与（くみ）の者を「他所（よそ）の者のように隔てる風俗がある」として、城下士同志が相排斥しあうセクト主義を戒めている。こういう偏狭なセクト主義の矯正こそ重豪最大のねらいであった。こういう他所者排斥の風習が、若者の夜行辻立の悪弊とともに、徒党を結び政道の妨げをすることにもなると戒めた。そして藩主時代からの風俗矯正策を貫徹し、特に近思録くずれ後の今日、徒党の弊を防ぐことに力点をおいた。その後度々同趣旨の矯正令を出すが、それは逆になかなかその実効が上らなかったことを物語っている。

隠居方続料節約

風俗矯正以上に緊急の課題となったのは、全産物料によっても利払いさえ困難なほどに三都藩債の増大した財政対策であった。文化五年六月向う五年間の厳重省略を達したのをはじめ、七月には隠居方続料に一段の節約を加え、今後五年間その中から年々二千両を表方に差出すことにし、九月になり五年間人別一匁出銀と三升重出米（従来の五升を二升軽減）を賦課することにし、牛馬出銀を免除した。ついで翌六年江戸の年間経費を五万両と定めた。その前五年七月ひろく諸士に財政整理に関する意見上申を命じたが、そのうち六年正月に上書した倹約掛郡奉行久保平内左衛門は、藩債の利払い一時停止を提案し、その間に財政収支の均衡回復をはかるべきだと述べているが、この諸士の上書はその後の重豪の施策に反映されたと思われる。

帰国して藩政を指揮

趣法方

重豪は文化八年下坂して財政運用の中心である大坂藩邸を直接指揮し、翌年十二月蔵方目付等に不正摘発を厳命した。越えて文化十年六十九歳の高齢をおして帰国、直接一門重役等に指揮を与え、十月勝手方に「趣法方（しゅほうほう）」を新設して、所帯向のことはもとより訴訟等も所帯向に関係することはこの趣法方の所管とした（黒田安雄「文化朋党事件後の薩摩藩」『史淵』第一一二輯）。重豪は同十月二十一日鹿児島をたって出府するが、その途上大坂で後述する如き藩債支払い停止の実施を指示して、財政危機の克服をはかった。これは恐らく六年正月の久保平内左衛門の上書にヒントを得たものと思われる。しかしこれら一連の措置は近思録党の場合と同様、財政収入の増大を図る積極的きめ手に欠けていた。

二　中国貿易の拡大をはかる

唐物販売拡張を請願

こうして積極的財政収入増大策として推進されたのが、近思録党の場合と同様、中国貿易拡大策であった。藩は白糸・紗綾以外の唐物販売権を得ようと、文化元年から文政三年までの十七年間に十回も幕府に請願した。そして重豪が再度藩政後見にのり出した年の翌文化七年、薄紙等八種の販売が許された。

重豪の政治工作

その際重豪は寺社奉行龍野藩主脇坂安董や西丸若年寄有馬誉純に強く働きかけた。有馬は前述の如き縁戚関係であり、脇坂もその後娘を重豪の養女にして三河挙母城主内藤氏に嫁がせる間柄である。その後文政元年硼砂等四種の、同三年玳瑁等二種の販売を許されたが、その背後に文政元年老中首座・勝手掛となった水野忠成と重豪の政治的画策があったという（黒田安雄「文化文政期長崎商法拡張をめぐる薩摩藩の画策」『史淵』第一一五輯）。この年忠成の分家筋上総鶴牧城主水野忠実と重豪の養女が結婚して縁戚関係にあった。重豪の死後調所広郷は、

長崎表之儀何分少々気請崩候様ニ相聞へ込入申候、何故かと申候へは、是迄屋しきより頼切りの水野公御退役ニも相成候半、夫ニ　三位様御逝去ニ候テハ、定而何歟

相替ニ而可ㇾ有ㇾ之との掛念より起りたる事と相聞へ申候、（天保四年四月十八日浜村孫兵衛宛書簡『調所笑左衛門書翰集』）

とその事実を認めている。

政治工作による成功

同じこの文政三年八月重豪は藩政後見を停止するが、要は重豪の将軍外戚という立場をフルに利用した結果の成功である。この間の経緯をみていると、かつて樺山・秩父ら近思録党が、重豪抜きに中国貿易拡大を幕府に働きかけようとしたことが、如何に無暴というか空想的なことであったかがわかる。しかも文政八年には、新たに国内で需要が増大し利益も大きかった沈香・阿膠等十種の向う五年間の追加販売権を獲得するに至った。

唐物方

一方文政元年、藩は唐物方を設置して、これまで琉球の行なっていた中国貿易に藩自体が直接介入するに至り、これを利用して免許品以外多種多量の薬種・雑唐物類を、琉球を通じて輸入した。藩自体が行なう抜荷すなわち密貿易である。

しかしこういう種々の努力にもかかわらず、藩財政の内容は好転しなかった。文化十二年十二月の重豪の通達（『追録』）に曰く。ここ三年間の平均産物料は十四万両、それに対して江戸表の経費は臨時費を含めて十三万両に及び、三都の利払いもできず年々不足額は増大し、ことしも五万両の不足である。去る文化六年江戸の経常経費を五万両と定めたが、やはりよんどころない臨時支出等が重んで、右のような大きな不足が生じている。だからこの際二万両だけ追加して七万両とする。今後産物料十四万両を三都に割振り、江戸経費七万両、そのほかに三都利払い等を行ない、京・大坂の経費はなるべくさし繰って支払い、できるだけ剰余金を残すようにせよ。毎年十一月までに大坂で七万両の月割り予算をたて、その上で不時の入用等はなるだけほどよく取りはからい、不急のものは次の年の予算に入れるようにせよ、というのである。

大坂の銀主貸出しを断る

しかしこれをもってしても立て直しはむずかしく、文政元年藩債は金九十万七千両余に達し、その翌二年には大坂の銀主たちも薩摩藩への貸付けを拒絶するに至り、藩主斉興の帰国旅費にも不足、担当者必死の奔走でようやく調えるという状態であった。そのため同年重豪は江戸表の経費節減をはかるため、鹿児島への在国を願ったが、高齢の重豪を鹿児島に旅行させることには御台所の強い反対があって許されず、その代りに願出た斉宣の在国も許されなかった。

藩政後見を停止

こうして翌三年（一八二〇）八月十三日重豪は藩政後見の停

止を幕府に願出て、九月一日許された。以後斉興の親政が始まるが、重大な事がらに関しては相談にあずかることにし、かつ斉興在府中は奥平昌高及び島津久昵に、国元帰国中は島津忠厚に相談せよと命じた。この三人は皆重豪の子で、斉興にとっては叔父にあたる人たちである。

第十一　斉興親政と藩債の急増

一　藩債五倍増

重豪は藩政後見をやめた。ようやく大御隠居様の生活にかえり、それはその後八十九歳で死去するまで十三年間続いた。本来ならば気楽な隠居生活であるべきだったろうが、重豪の後見停止で押えがきかなくなったのか、藩財政の悪化はその後目をみはるものがあった。重豪もこれを放置できなくなり、老いの力をふり絞らねばならなかった。

前述の如く文政元年（一八一八）藩債は九十万両余に達し、翌二年大坂の銀主たちは薩摩藩への貸付けを拒絶するに至った。しかし、一八〇ページの表と見くらべる時、この藩債額は驚くに当らない。決して文政元年になって急増したというのでなく、文化四年のそれに比して、むしろ二十八パーセント余の減少ですらある。それなのになぜこういう事態に追込まれたのか。しかも十年余りのちの文政末年藩債は五百万両の巨額に達したとい

十年余りで藩債は五倍に増加

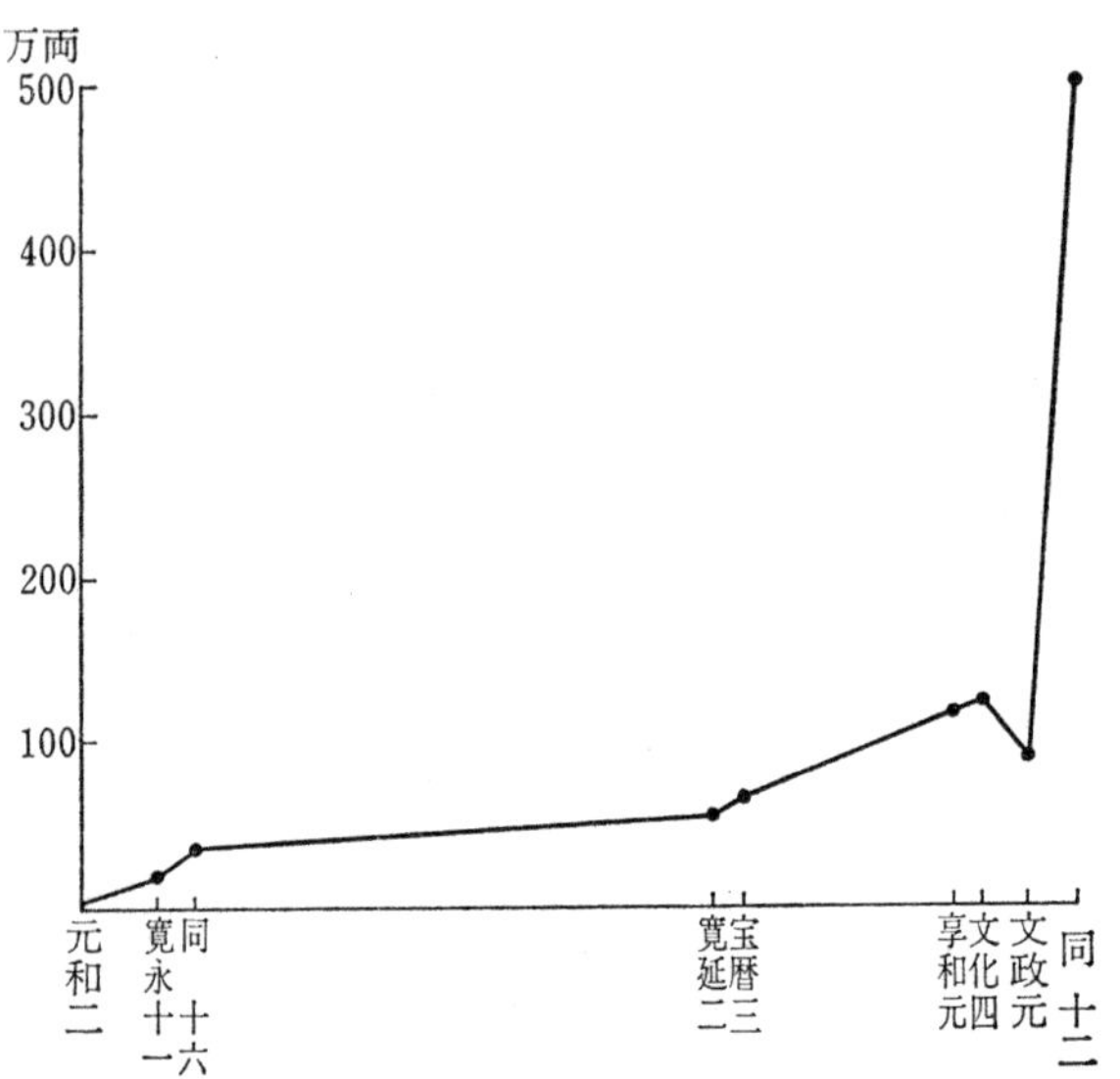

薩摩藩藩債推移表

う。十年余りで五倍半以上の増加である。何とも異常としかいいようがない。よく五百万両の藩債が、重豪の積極政策によるといわれる。しかし実際に五百万両にふくれ上ったのは、重豪が再度の藩政後見をやめた以後のことであり、重豪が各種の施設を造ったり開化政策を行なった時期とは異なり、図書編纂も近思録くずれ後は少ない。そうだとするとこの藩債急増の原因は何か。普通五百万両という巨額の藩債を生じた理由については、天保七年以後調所広郷の腹心とし

海老原清煕の説く藩財政窮乏の因

て、改革の企画・実行の枢要を握った海老原清煕の説によって、次のように説明される。第一の原因は島津家第二十一代の吉貴時代（一七〇四―二一年）に、何事も幕府に範をとって藩制を改革し、国庫の半ばを空費してしまった。三家を新設したり、家康廟や磯の別邸を建てたりして、国費を使い過ぎたというのである。第二の原因は第二十代の綱貴時代（一六八七―一七〇四年）に、初めて列藩諸侯と縁組みするようになり、それが以後の慣例となって、はでな出費がかさむようになったということ。第三、第四の原因は先に述べたように、重豪の積極政策とはでな暮しというわけである（原口虎雄『幕末の薩摩』）

ここに列挙された原因は要点をついている。しかし薩摩藩の疲弊は決して一朝一夕のことに起因しているのではなかった。

すなわち海老原の言によると、

本藩自他国戦争の末、天正中に至り豊太閤の征討、朝鮮七ケ年の在陣、関ケ原の役、元和建櫜の後も将軍家桜田邸入御、上野御造営、美濃川御手伝、竹姫君入輿、王子ケ原犬追物、或は火災等其他屢費財多く負債積りたる上に、（『顛末書』）

と、戦国争乱に続く秀吉の島津征伐や朝鮮出兵・関ガ原役等の戦乱、さらに元和偃武後も多くの出費が続いて藩債増加を招いたことを指摘している。しかも、

　重豪侯襲封以来、世の変遷に従って男女共に列侯と養子婚嫁し玉ひ、殊に将軍家へ入輿、亦近衛家に嫁し、文恭公(家斉)の代には一体奢侈の極となり、其折しも子孫繁殖養子婚家概ね虚歳なく、高輪邸に重豪侯、白銀邸に斉宣侯、芝に斉興・斉彬両侯、之れ等内外の費夥しく、且つ芝・高輪邸の延焼、加るに吉凶の大礼漸次に累り、(同上)

こうして新古の負債五百万両の巨額に達したとする。既に藩政初期から財政不如意であった薩摩藩の藩債増加の原因が、これらにあることは事実であろう。しかし十年余の間に五・五倍の急増をみた直接的理由は、これだけではよくわからない。これについて文政年間大坂で藩財政を担当した新納時升の著『東行録』(文政十一年、東大史料編纂所蔵)・『九郎談』(嘉永三年、鹿児島県立図書館蔵)の伝えるところは、多少参考になろう。前者は文政九年財政対策のため、重豪の命を受けて大坂から東行すなわち出府した時のことを中心に記したもので、後者は自らの生涯の苦労話を綴った一種の自伝で、新納の幼名に苦労の意を偶したものである。

新納は幼名を次郎九郎、のち弥太右衛門といい、伯剛と号した（ただし前出の家老とは同名異人）。蔵方目付の後江戸詰となり、その時尾張藩に仕えていた冢田大峯に儒学を学び、後年向井友章の遺稿集『滄浪遺稿』を編集した。帰国後大島見聞役・大島代官・横目等を経て、文政二年末大坂詰を命ぜられ、翌三年五月大坂に出て金方勤となり、さらに四年三月金方物奉行となった。その後甑島地頭在任中七十三歳の時、お由良騒動に連座して徳之島遠島となり、赦免後造士館助教・使番・兵具奉行等を歴任、慶応元年死んだ。

二　新納時升の証言

大坂藩邸の財政担当者

大坂時代は財政担当の責任者で、途中休暇その他で帰国したこともあったが、文政十年八月大坂を去るまで、前後八年間、やりくり算段の財政を担当した。文政三年五月といえば、重豪が藩政介助をやめる直前であり、十年は調所広郷登場の年で、その在坂期間はほぼ藩債の五・五倍急増期にあたる。もちろん新納の説くところも、海老原の論とほぼ共通しており、特に五・五倍急増の理由をはっきり指摘しているわけではない。ただ海老原をはじめ、これまで諸書の説かないことも一―二あるので、それを中心に新納

新納の説く藩財政の沿革

の話を要約してみよう。

新納はまず藩財政の推移を次のように説く。吉貴時代に制度文物が整備されて、財政支出が増加しはじめ、その上竹姫婚礼で江戸の経費が倍増した。しかしこれまでの備蓄があって、豪商の手を借りて用を弁ずることもなかった。それが重豪時代の「礼方儀則其の上に又文物を加えられ」、すなわち積極政策の展開と茂姫婚礼で贈答が多くなった。その上天明八年の京都大火で皇居が炎上した時、紫宸殿造立の費用献上を命ぜられた。この時既に藩庫に余裕がなく、豪商に借りてこれを弁じたが、これ以来「貸借の道日々に増長し国用窮乏の基」となった。しかしそれまでは江戸藩邸一年の用度は三－四万両に過ぎなかったので、貸借の金はその年運用の財で償却でき、「用度の滞積」にも至らなかった。この天明八年という年は重豪隠居の翌年で、その藩政後見期の当初に当る。ところがそのころから「諸公子多くは大国諸侯の系統を継がせられ、公女は皆大諸侯に嫁娶(かしゅ)ましましければ」、その婚礼費用やその後の贈答品がかさんで、「一年の国産其年の経費に応じがたく、浪華(なにわ)の運用常に商賈(こ)の手を仮りて事を弁じける故、今の窮乏には及(およ)びしなり」としている。天明八年正月三十日の京都大火で禁裏(きんり)及び二条城が焼失し、九月十一日幕府は島津斉宣と熊本の細川斉茲（なりしげ）に禁裏造営料助役として、上納金各二十万両を命じたので（『続徳川実紀』『寛政重修諸家譜』）、薩摩藩では年五万両ずつ寛政元年から四年間で献上した（『近秘野草』）。海老原・新納ともに藩財政推移の歴史的経緯についてはその大要を記し、自ら経験したことでもなく正確な調査にもとづいたことでもないので、若干のくい違いはやむを得まい。両者の説く事情が藩財政窮乏の原因であることは正にその通りであろう。ところが新納はさらに次のような話を記している。

永々銀

薩摩藩には永々銀及び詰金があったので、財政のやりくりも楽だったというのである。永々銀とは、貸付金の元金はそのままにして返済をせず、二朱の利息だけを支払うという一種の永代貸付金で、利息は「二朱、千銭にして息二銭を出す也」（『東行録』）とある。このような低利に浪華の豪商が甘んじたのは、薩摩藩では他藩のような徳政をやらなかったので、商人たちも元金が保証されていて安心だったからだという。二朱利というのは享和二年以降のことを指しているのであろう。享保元年（一七一六）、三都の利子は七朱になっているが、藩では享和二年（一八〇二）江戸上方ともに二朱への利下げ交渉を行ない、京・大坂では二朱に落着、江戸では納得を得られず、それでも三朱で落着している（『藩法

詰金

集』8上)。斉宣時代である。また藩では以前常に三万両ばかりの詰金をいつも備蓄していた。これも次第に減少したが、それでも寛政・享和のころまでは五－六千両はあった。しかし最近はこれもなくなったというのである。そして「近来浪華運用の大計を誤し事、其失策二つあり」として、

酉年更始

一つは、酉年更始の時併せて永々銀を廃せられし事、

ひとつは、吉井源七郎なる者の商議にて、国中会計の算帳を和田・津田両巨商の管家に示して、連署にして彼等が手に収めし事、(『九郎談』)

をあげ、「此二条実に後来復しがたき大害にはなりしなり。」としている。確かにこれは重要な意味をもつ。まず新納は酉年更始または癸酉の新令とかいって、文化十年癸酉の年に重豪が有馬温泉湯治を名として下坂し、大坂で徳政令を出したというが、これには多少混乱がある。重豪が有馬温泉湯治を名目に下坂したのは前述の通り文化八年で、十年は鹿児島から出府の途中大坂に立寄ったものである。この両年の行程を比較してみると八年の場合は十月七日大坂着で滞坂四日、有馬入湯は五日間で十四日には有馬を出発している。これに対し文化十年帰国の時は八月十六日伏見に着き、翌十七日「洽レ流

半而登レ岸、其夜宿二西之宮一（『追録』）、翌日西之宮をたって鹿児島に帰り大坂には立寄っていない。同年間もなく出府し、十一月十日大坂着「仮邸に留止二日」で、十三日には伏見に着いている。有馬温泉入湯をとれば八年、癸酉をとれば十年となる。しかも『東行録』はこの時「新令を行い旧債百二十余万金を廃した」と記し、頭注に「新令を行うとは更始に当る。古きを棄て新しきを行うを更始と曰う。此方に云う徳政なり。」と注記している。ただ十年帰国の時重豪が淀川の途中から上陸して西の宮に直行し、大坂に立寄らなかったというのは異常である。あるいは八年に徳政を行なったので大坂商人の恨みを慮って大坂を避けたのか。しかしこの直後出府の折立寄っているので、この解釈には多少無理がある。むしろ十年出府の折徳政を行なう下心があったので、わざと帰国時大坂を避けたのであろう。翌文化十一年七月供回り減少を願い出た関連文書に「去秋国許へ罷下り、彼是趣法相用い、帰府の節京・大坂銀主中へも申聞候云々」（『追録』）とあることからも、更始は十年秋帰府の節と断定して間違いあるまい。

永々銀廃止

その上癸酉の年には永々銀も徳政の対象にして廃止したというから、大坂商人には大きな打撃で、後年の調所の処置に劣らぬ影響が考えられる。特に永々銀はよそにないや

引当借

り方で、これを他の貸借同様に取扱われるのは承服しかねると、大坂商人の怒りははげしく、彼らの薩摩藩への不信は一挙につのった。この時樋口らは、江戸経費を九万両に限定、その他京坂いくらと見積り、利払いがなくなれば産物料でまかなえて、借金の必要はなくなるという計算であった。しかし文化十年の郁姫の近衛家縁組み等で出費もかさみ、江戸経費は五万両オーバーして十四万両にのぼり、大坂では樋口の後任大山郷右衛門らが、堂島・堺の米穀商・砂糖商人に翌年の収入を担保に借金をする以外になくなった。そこでその会計と借金の具体的内容を記して高輪に送ったが、それは近臣伊集院隼衛（側用人側役勤目付格）が、重豪の機嫌を損ねることを恐れて握りつぶしてしまった。江戸からのしきりの催促に蔗糖・米穀を担保に金を借りてようやく急場をしのいだ。これを引当借というが、この引当借も年々増加し、遂にそれが重豪の耳にはいり、近臣も大坂の事情は詳しく説明しないので、重豪が怒って時の留守居竪山（たてやま）武兵衛と金方勤大山は免職になってしまったというのである。

以上のことが事実だとすると、非常に重要な内容を含んでいる。特に更始すなわち徳政の問題であるが、調所の年賦償還は有名であるが、文化年度のこれはほとんど知られていない。もしこのように、文化四年には百二十六万両に達していた藩債を文化十年一挙に棄却したとすると、後の文政元年の九十万両余は、まったくの新債ということになる。その間五年である。しかもそれはこれまでのように豪商から借りられなくなっている。『東行録』は先述の癸酉の新令について記したあとこういっている。商人はその後藩に不信の念をいだくようになって、貸付けを承諾しなくなった。ようやく新債十八万両余を大坂で借りたが、その利子も滞ったので、借入れの道はふさがってしまい、ついに豪商から借りることはできなくなって、やむなく「手を駔儈に仮り」て用を弁ずるに至ったというのである。こうして牙儈(駔儈)を相手とするようになると自然高利になったであろうし、その牙儈ですら「一再にして我が窮を伺い命に応ぜず」という状態であった。これが、一見文化四年に比すれば、文政元年には藩債は九十余万両と二十八パーセント余も減少しているにかかわらず、翌二年には大坂商人が貸付けを拒絶するに至った理由であろう。

牙儈に借る

藩会計簿を商家に渡す

新納が指摘しているもう一つの失策というのは、一－二特定の豪商に藩の会計簿を渡してしまったということである。徳政実施の後和田(辰巳屋休左衛門)・津田等数代薩摩藩に臣従して来た二－三の商家を優待して、物産運送の滞った時の用金立替えを命じた。しかし彼らも薩摩藩に不信感をもっていて、承知しなかった。それを吉井源七郎なるものの提案で、藩の国産・会計帳を二冊作って、その一冊を両家の支配人に渡し、こうして出金を承知させ、これが毎年の例となった。それだからこれまで薩摩を大国だと考え、産物の多少軽重・出納の状況もわからなかったが、これで藩の苦しい内情が全部彼らにわかってしまい、信用をますどころか、かえって底を見すかされることになったというのである。

新納の記述には時に感情的な表現もあり、またどこまで正確か判じかねる点もあるが、大要はこのようであったろう。したがって新納も言う如く、

> 吾藩国、右の如此窘迫(ごとくこのきんぱく)に至るは、前にいえる永々銀を廃せられしより人気一変し、運用渋滞する故、月々の用度牙保(がほ)の手を借り、運漕の米穀・蔗糖を典当にして事を弁する故一日々々窮迫(『東行録』)

し、遂に五・五倍の増加をみるに至ったものであろう。たとえば文政十年斉興の帰国費用について、大坂で二万二千両(江戸経費も含んでいるようである)を調達した内容をみると、

斉興帰国費用半分は牙儈に借る

牙僧一万一千両、近江屋作兵衛二千両、平野屋甚右衛門三千両、そしてあと六千両がどうしても調達できず、千草屋九十郎に留守居が、和田（辰巳屋）に新納が出向いて頼みこみ、ようやく達成したというが（『東行録』）、新納によれば、藩の留守居や用人が商家に直接出向いて頼むということは、これ以上の恥辱はないという（『九郎談』）。この例でみても半分は牙儈の手をかり、あと半分のうちの六千両は大藩の留守居が膝を屈して頼みこむということで、ようやく達成できたもので、このころの金融に牙儈の力が大きく働いていた様子を知ることができる。天保七年の升屋小右衛門あての借用通帳が、『夢の代』の著者として有名な町人「山片蟠桃あて借用通帳」と題して原口虎雄著『幕末の薩摩』に掲げられている。貸付銀額七十貫目というのは、三十二万貫の中では、たいした額とは感じられないが、直接にまたは牙儈の手を借りてこういう金をかき集めたものであろう。ただ山片蟠桃は文政四年に死去しているので、天保七年の升屋小右衛門は蟠桃の後継者であろう。

三　新納の提案

財政再建のため、文政七年新納は次のような提案を行なった。まず国産物を牙儈の手から放して、従来から出入りの豪商十二家に扱わせ、この十二家に薩摩藩一年間の用度を賄わせて、その金には十年を限度として四朱の利子をつけようというのである。ところがそれが牙儈たちの耳に聞こえ、

> 彼等も藩邸窮乏に乗じて種々姦計をなすといへとも、十二家心を合（あはせ）、此の如を聞て此義を畏れ、多くは首を低（た）れ服し来り、己か高利を止（やめ）て、十二家と同しく金を出さん事を乞者（こふもの）多かりしといふ。（『九郎談』）

この案は結局国産の運搬渋滞で時期を失し、違約の形になって流れてしまったというが、牙儈が藩の窮乏に乗じ種々奸計を弄し、高利をもって貸付けたというのは事実であろう。その奸計・高利の内容は明らかでないが、もちろん複利計算の方法などもはいっていたであろう。借入れが増大したのも事実であろうが、十一年間に五・五倍増して五百万両というとてつもない巨額に達したというのは、結局は牙儈らの奸計・高利による

ものが大で、後年調所がこれを、二百五十年賦償還に切り換えたというのも、一種のしっぺ返しだったともいえよう。

側近の媚び

そしてこういう状況を招いたについては、重豪側近が実情を重豪に告げず、みな当面を糊塗するだけだったからといい、新納は側近奸知の人あるいは媚びへつらう人物として、家老川上久馬・同町田久視・趣法用人上野善兵衛・側用人堀殿衛・大目付格上野帯刀・側用人有馬糾・お伽菊地東原（東元）その他の名をあげている。しかもそれまで何回か大坂で財政対策が練られ、重豪の同意まで取りつけかかっては、これらの人たちのへつらいやじゃまでつぶれてしまった経験を、次のように記している。

市田義宜

文政三年家老市田義宜（盛常の子）が財政対策を講ずるため大坂に滞在している時、江戸から側用人側役桜井半蔵・同趣法方勤高橋甚五兵衛及び菊地東原が下坂して、「更始」を命じ、もし大坂商人どもが訴えでもしたら東原が町奉行に手をうつという計画であった。

菊地東原

東原は元来幕府御家人で郢曲（えいきょく）（俗曲）にすぐれ、重豪に召されてお伽人（とぎびと）となっていた。物なれた人間で幕府の老中高官その他権門に出入りして知人も多く、たいへん便利な人物であったので近臣の列に加えられ、種々の機密に参画しよく使命を果し、君側の用を勤めている者であった。文政末にはその子黒川善右衛門が御三卿の一清水家の近習番、孫も清水家御伽という一家であった（『雑書』）。

しかし市田は、天下に信を失うことを恐れて難色を示した。そこで大坂藩邸の財政担当者菱刈八郎太が、江戸経費を九万両に限定したら何とか国産で賄えるとしてそれに決まったが、この年はひどい凶作で米穀・砂糖は大不作となり、菱刈の見込みを三万両も下回って失敗に終った。当時常に江戸経費の膨張が問題となるが、文化六年（一八〇九）五万両、同十二年七万両とし、それを文政三年（一八二〇）九万両に限定しようとしたのである。文化文政期の江戸生活が貨幣経済の浸透・出費の増大をもたらし、その抑止が最大の課題であったことを物語る。

朝倉、重豪に直訴

そこで翌文政四年大坂留守居朝倉孫十郎は重豪に直訴した。すると重豪は、自ら両隠居のうち一人の国元隠居を考慮するとした。ところが前年文政三年、玳瑁（たいまい）等の琉球唐物販売が許可されたことから、それで両隠居の経費を賄えば国産を用いずにすむという論が出て来て、今度も失敗した。新納は、この時若琉球華物の議なからましかば、一老君は国の菟裘（隠居所）を議せらるべきに、此事出て種々商量展転せしより、終には市田大夫・鷲頭用人抔退職其他国の大害は出来りし也、（『九郎談』）

という。市田は文政五年四月免職になった（『薩藩政要録』）。

琉球唐物販売による両隠居の経費支弁計画も、唐物方の計画が杜撰で、結局うまくいかなかった。こうして同五年新納は、再び一隠居の国元退隠を菊地東原を通じて工作したが、これも結局実現しなかった。

新納は一貫して江戸経費の節減、そのために一隠居の国元退隠と、諸公子諸公女の節倹を説いている。そこには経費節減の意を表明することが、銀主の心証をよくし今後の金融に好影響をもたらすとする精神主義的側面があり、また大坂藩邸の一財政担当者の言で、全藩的視野なり積極的増収対策を欠く恨みがある。その上片意地なまでに自説を主張する頑固さと、我田引水的な論調もみられないではないが、単なる空言ともいえまい。結局文政八年七万両、同九年九万両と藩庫の不足は増加する一方であった。藩財政の窮迫が続き、一向打開策の見出せないうちに、江戸藩邸では十余カ月（海老原によると十三ヵ月）俸禄を支給できず、恨みの声が外に聞こえる状態になった。

新納らに出府を命ず

これを知って驚いた重豪は、文政九年秋大坂から留守居朝倉孫十郎と新納、国元にいた趣法用人高橋甚五兵衛の出府を命じた。江戸に着くと新納は側役側用人勤猪飼央（尚敏）の屋敷に呼ばれ、そこに菊地東原も居合わせて、人払いの上重豪の密意だとして、大坂での更始を命ぜられた。その際「これは大坂商人平野屋甚右衛門の提案であるが、甚右衛門は軽はずみな商人だから疑問だというなら、お前の考えで他の豪商一－二人を選んで、その者たちと相談してやれ。もしこれを承知して実行するなら、お前を大官それも御用人ごとき小官でなく必ず家老の地位にとりたて、権威をもって号令が行なわれるようにする」という話であった。しかし新納は即座にこれを断わった。平野屋甚右衛門とは以前大坂久宝寺町に住む牙僧で、大坂留守居松本十兵衛と組み更始を行なって藩邸譜代の豪商を追放しようと謀り、失敗して藩邸出入りを差留められていた。それがどんな経緯でか東原と親しくなり、東原を通じて奸計を重豪に上申したのだ。自分は先日甚右衛門が、今度薩摩の旧債を棄却し国産はすべて自分が取扱うことになったといって一通の書面を見せたが、それは東原の書だったことを覚えている。その時の話からする

猪飼央

平野屋甚右衛門

と、甚右衛門が六万両を出して更始を行ない、国産運用のできるまでその六万両で賄おうというのであるが、その実甚右衛門には一万両の蓄えもなく、新納を利用して六万両を工面しようとの魂胆だ。そう見抜いた新納は即座に断わった。調所の死んだ二年後の嘉永三年に書いた『九郎談』の中で、新納はもしあの時自分が命令を断わらずにいたら恐らく調所の出る幕はなかったであろうといっている。

新納は翌文政十年にも家老島津久長出府の折、ともに出府してその年の斉興の帰国を一期とりやめ、その経費で当面の急を救おうと進言した。これが調所を通じて重豪にも聞こえ、重豪は帰国延期に同意した。しかし斉興及びその側近は既に幕許も得ており、しかも斉興帰国を理由に貸付けを得ている金を他に転用しては、信用を失うという理由で採用されなかった。しかし斉興は翌十一年はおそく十一月下旬に参勤し（『続徳川実紀』）、その翌十二年は滞府して帰国していない。その理由は明白でないが、恐らく新納のいう経費節減の意図からではあるまいか。この文政十年は五月八日斉興一行が大坂をたって帰国したが、それに随従した側用人側役勤調所広郷はあとに残って、藩別邸の石燈籠を買うという口実で大坂市中に出て、その形勢をさぐったという。さらにその閏六月調所

出雲屋孫兵衛

が上坂して来た。重豪の命で出府する途中だということで、調所は大坂の財政運用の事を新納に尋ねた。それに対して新納は、もう大坂では手づまりで方法がない。もしこのことを大御隠居様が聞かれると、恐らく更始を命ぜられるであろう。しかし自分のように大坂商人になじみも深く、彼らと親密になった者には、これまでの恩を仇で報いるようで到底できない。別に大坂の人とつきあいのない人とかえてやれば、かえってやれるだろうといったら「調所氏も実にさる事もあるべしと、嘆服の体なり」という(『九郎談』)。こうしていよいよ調所の出番が回ってくるのである。

その前文政十年八月新納は辞任帰国を願って大坂を離れるが、その後趣法用人高橋は朝倉の後任大坂留守居東郷半助・新納の後任金方田中善左衛門とともに、出府途中の家老川上久馬とはかって、平野屋甚右衛門の策を行なおうとしたが、結局甚右衛門の手持ち金はなく失敗に終った。ところがこれをみた出雲屋孫兵衛なる者が平野屋彦兵衛とはかって高橋らに話をもちかけた。進退きわまっていた高橋らはこれによって一時の責をふさぐことができた。新納は出雲屋孫兵衛のことを「姦猾の牙郎」と記しているが(『東行録』)、その策は甚右衛門の説をもとにさらに姦曲を加え、国産の利を奪おうとするものだったという。このことを文政十一年『東行録』に記した新納は、「此成敗未だ知るべからず」といっているが、調所の重要なブレーンといわれる出雲屋孫兵衛は、既にこの時高橋らに一策を献じているもので、この面でも調所登場の準備は整っていたといえよう。

孫兵衛の登場は窮地に陥った薩摩藩にとって大きな救いの神となった。文政十年十二月孫兵衛は銀十枚の褒賞を受けたが、これは彼が二万両を「脇方才覚等」すなわち平野屋など各方面から調達して出銀したからである。孫兵衛は「今後出入りを申付けるので、出銀のこと精々取計らえ。藩の金ぐりについては、何でも腹蔵なく留守居・金方へ申出よ」と達せられた。孫兵衛は薩摩藩御用商人の地位を確保したのである（土屋喬雄『封建社会崩壊過程の研究』）。

第十二　調所広郷の登用

一　調所を財政改革主任に

新納時升によると、重豪は文政九年秋新納に財政改革を担当せよという内意を伝えた。しかし新納は辞退した。翌十年斉興に従って鹿児島に帰っていた調所広郷が、重豪の命で閏六月上坂出府した。恐らく重豪は財政改革の担当を調所に命じようと考えて出府を命じたのであろう。

調所は幼名を川崎良八といい、十三歳の時調所清悦の養子となって名を友治と改め、十五歳で表坊主となり清悦を襲名した。八年後二十三歳の時江戸に出て重豪付奥茶道を命ぜられ、非常に気に入られて三十六歳の時茶道頭に進んだ。恐らく利発な性質だったのであろう。二年後蓄髪して小納戸となり笑左衛門と改名、四十歳で小納戸頭取用取次見習となったが、この用取次というのは側役同様の役であり、重豪の信任が厚かったことを示す。しかしそれが逆に周囲のねたみを買ったようで、四十三歳の時重豪の側を離れて使番に転じ、ついで町奉行となった。しかし文政七年四十九歳の折、高輪・白金両邸の資金を運用する側用人格両御隠居様御続料掛となり、翌年図師崎源兵衛とともに斉興付側用人側役勤となった。こうして君側を離れること七年で再び君側にかえった。しかし海老原清熙のいう如く、

調所広郷木像

（鹿児島県歴史資料センター黎明館蔵）

> 少年より君側にのみ侍したるは世情に疎き習なりしに、広郷十年間君側を遠ざけられ、性快達にして酒を好み人と交ること広く、和して能く接するが故に、士族の風習より市中の形況情態を暗（そらん）したるは、後に国務を司るが為めに設けられたるか如し、（七）
>
> （『顚末書』）

とは事実であろう。

調所が君側にもどった文政七―八年

は藩財政の窮境が頂点に達し、江戸藩邸勤務者の俸禄も支払えなくなったころである。

唐物販売権拡張の功

このころ藩は琉球唐物販売権拡張を幕閣に働きかけ、遂に文政八年三月沈香以下十種の追加販売権を獲得したことは前述したが、実はその成功は調所の働きによるものであった。そこで同十年四月十九日調所は太平布二疋を褒美として受けたが、家老川上久馬の達に曰く、

右は先御役内二丸御続料掛の節、唐物御品増御願い済み、去秋初めて御商法相済み候処、相応の御益これ有り候に付、(下略)(上村秀氏蔵「調所家文書」)

と文政九年その効果があらわれ、相応の利益があったとしている。この成功は重豪の注目をひき、これこそがその後調所が財政改革主任を命ぜられる理由であろう。文政十年重豪の命で出府の途中、閏六月大坂に立寄ったというが、同月あるいは七月には着府したと思われる。

ところで海老原によると、

菊地東原なる者密かに両公へ申旨(もうす)有って、其情実を探偵の為、調所広郷東原と同行し姓名を変し、木曾路を経て出坂し具(つぶさ)に聞て江戸に帰り復命す、是に於て両公協議

策を決せられ、改革の重任を老公より広郷へ命ぜらる。(『顚末書』)

とあるが、その年代は不明である。ただ前述の通りこの文政十年は、斉興は四月十五日江戸を出発して六月六日鹿児島帰着という旅程で帰国中であり、さらに出府は翌十一年十月下旬であるので、「両公協議」はこの前か後となる。推定するに同九年新納が改革主任を断わったあと、重豪の目が調所に注がれ、翌十年三月再度新納が出府した折斉興は激怒したのに、重豪は処罰するな、大坂に帰して金策に当らせよと命じたというが、この間に「両公協議」が行なわれたのではないか。ただ直接調所に命じたのは、文政十年四月の江戸出発前か閏六月の出府後か、いずれとも決し兼ねるが、恐らく後者ではないか。

調所を財政改革主任に

重豪が調所を呼んで財政改革の主任を命ずると、自分は財政のことは分らないからと断わった。すると初め一間ばかり離れていた重豪は、いつも持っている長脇差を手にして、調所の膝元に詰めより、「お前は豊後守(斉興)の側役ではないか」という。調所は「不肖の身でございますが、有難い仰せを蒙ってお側役を勤めております」というと、「側役は主人と生死をともにする職であるが、これほど危急切迫の場に追い込まれているのに、命令を断わるとはどんなつもりか」と、顔色を変え、まさに調所を斬捨てんばかりの見幕で詰め寄った。文字通り膝詰談判である。調所は「やむを得ません。お引受けします」と引受けた（『顚末書』）。こうして調所の登場がきまった。海老原によれば「其後老公と斉興・斉彬両公、左近殿（久昵）列席にて再び命ぜられ」たというが、これは斉興参勤出府後で調所の大坂より帰府の後、すなわち文政十一年十一月であろう。

その間調所は出坂して金策を行なったが、旧来の銀主は相手にしてくれず、結局浜村孫兵衛の斡旋で平野屋五兵衛を本銀主とし、それに平野屋彦兵衛・炭屋彦五郎・炭屋安兵衛・近江屋半左衛門の五名で、新組銀主団を作って融資に応ずることになった。しかし平野屋らは、直接重豪から確実な保証を得なければ応じ難いということで、五兵衛の末家平野屋彦兵衛と出雲屋孫兵衛（天保元年浜村姓を称す）が銀主団代表となって、調所とともに出府した。彦兵衛らが重豪に面謁すると、重豪は財政困窮のこれまでの経緯を詳しく話し、「諺（ことわざ）に路頭に立つということがあるが、予の今日の景況は立つどころではなく、路頭に寝ているのじゃから、各々深く察してよろしく頼む」と弁舌滔々流れる如くに説いた（『顚末書』）。彦兵衛らがこれまで家老や用人が入れ代り立ち代り次々に来て銘々御用金を命じ、誰を相手にしてよいか困った。今度は改革成功まで調所を代えないでくれと頼むと、重豪は調所も自分の意にそわぬ時は代える。ただその際その方たちに引合いの上代えると約束し、その後次のような朱印書を渡した。

一、此節趣法替ニ付而者治定不ニ相崩一様心懸、掛り役人共江茂屹与申付候事

一、産物之儀時節不レ違繰登候様申付候事

一、砂糖惣買入之儀者不ニ容易一事候得共、別段之存慮ヲ以、永年相続申付候事

右之通豊後守(斉興)江申聞、堅取極(きめ)申付候条、無ニ疑念一相心得出精有レ之(り)候様致度(く)、尤書付之趣江戸・大坂・国元役人共江茂可ニ申付置一候、仍而如レ件

十一月廿一日　（栄翁朱印）

これにはさらに次のような添書がある。

別紙の趣子(文政十二)十一月廿一日平野屋彦兵衛・出雲屋孫兵衛召し呼び、書面の趣申聞け、直に別紙書付相渡し置き候、後年に至り相違これ無き様相心得べき旨、江戸・大坂・国元役人共へも此書面通り相渡し置き候、（「調所家文書」）

すなわち今度の改革が挫折しないよう係役人に申付け、国産運搬の時期を違えぬよう申付けたこと、及び砂糖惣買入れ制の強化を申付けたこと、この三件を斉興とも話し合

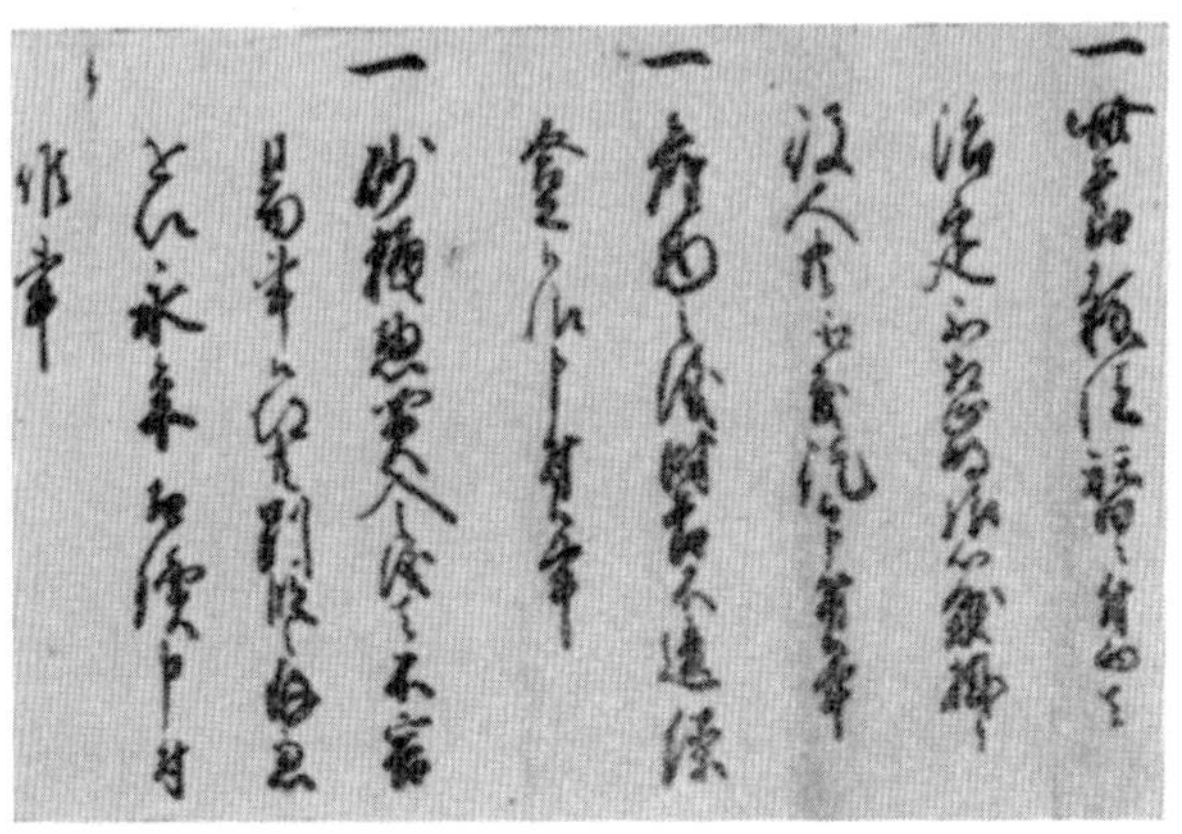

重 豪 朱 印 書 ①（鹿児島県上村秀氏蔵）

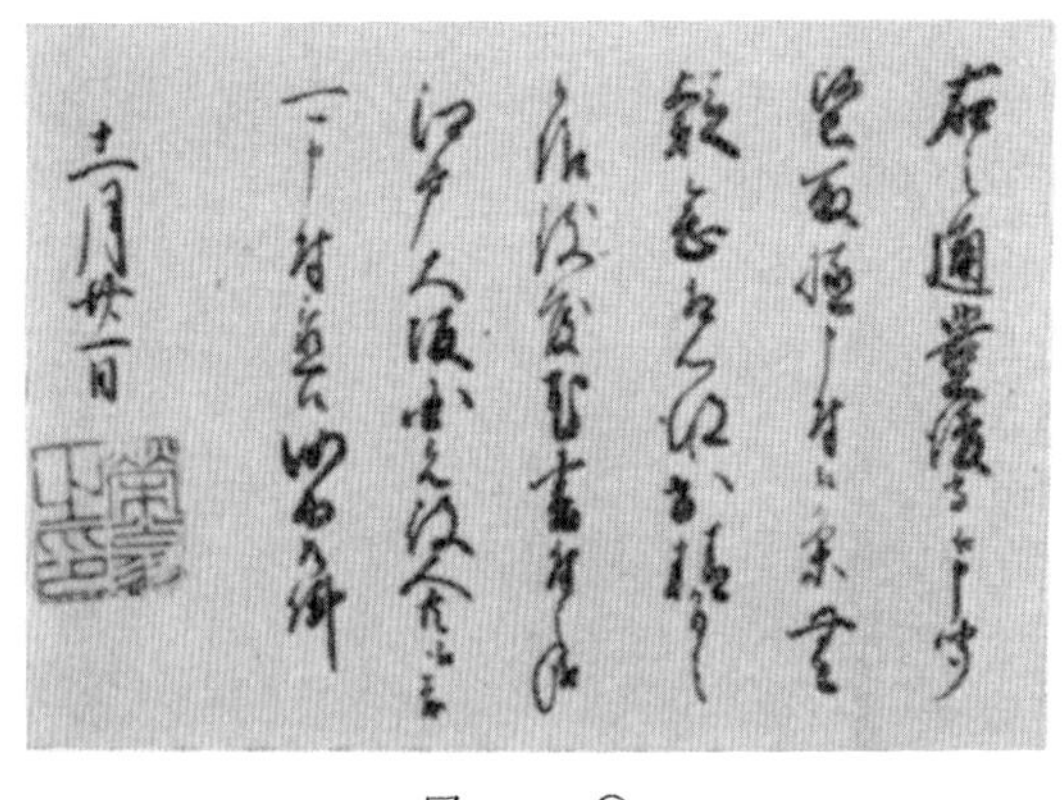

同　　②

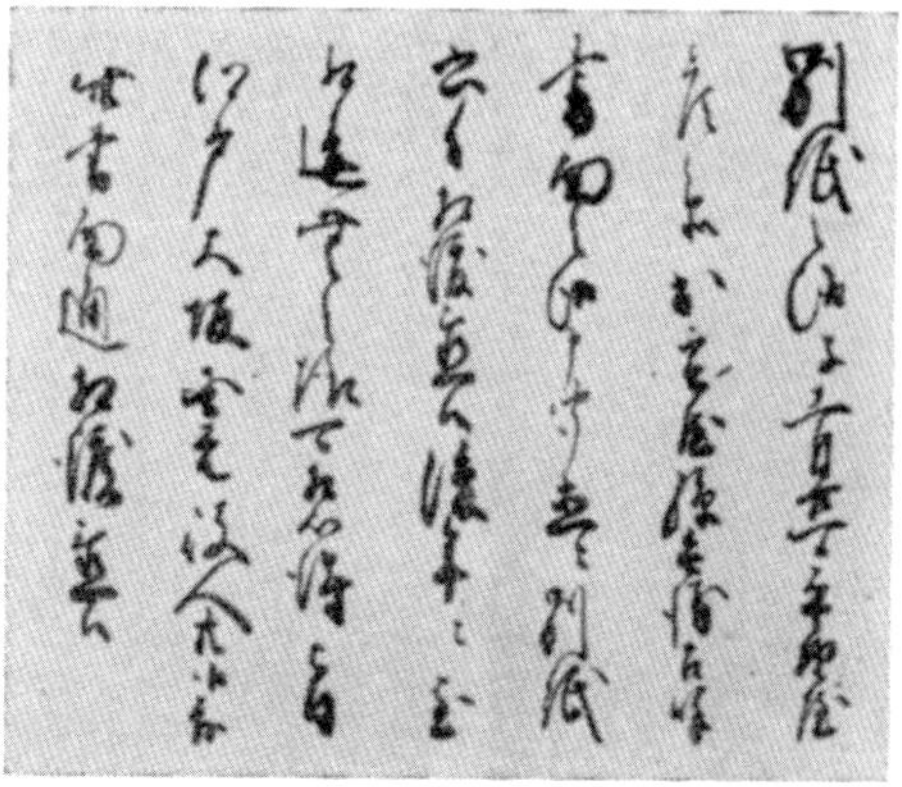

③　同

って決定したので疑念なく一段と精を出せというもので、これによると調所とともに平野屋彦兵衛らが出府して、重豪から朱印入りの保証書を取付けたのは、文政十一年十一月二十一日であったことがわかる。翌十二年二月調所が有馬男吏と連名で出雲屋孫兵衛に渡した書付の中にも、「惣代トシテ旧冬ヨリ出府致シ」という語があることからも確実である（『海老原清熙家記』）。平野屋らは最高責任者の重豪の保証、それも口約束だけでなく朱印文書による保証まで取付けたことになる。しかし国産運搬の時期を違えぬなど、季節によって相違することの多いものを確約した朱印書を、大坂町人に握らせておくことは不都合と思ったのであろう、調所はこの朱印書をその後取返している。

この朱印書によると、この時既に砂糖惣買入れによる専売制の強化が保証されている

出雲屋に利益を保証

が、このことは恐らく出雲屋の画策提案によるものであろうし、その間調所と綿密な打合わせを行なった結果、重豪に上申したものであろう。これが薩摩藩の天保財政改革の出発点を、文政十一年とする根拠であろう。『顚末書』所収の調所関係文書には「去る亥（十年）年御趣法替仰せ出され」とか、「文政十一子年より御改革の御趣法相立てられ」とかあって、改革の発端が文政十年とも、十一年とも両様にとれる表現があるのは、調所に申渡したのは十年で、調所の奔走画策で当面の基本方針が確立し、それにより新組銀主も腰を入れて本格的に取組むようになったのは、十一年だということであろう。しかもこれには薩摩の特産中の特産である砂糖の利権に目をつけた出雲屋のアイディアが大きく働いた。こうして重豪の朱印書をもらってから僅か三カ月後の文政十二年二月、出雲屋は調所及び有馬男吏の名で、

為二御褒美一定式御仕登砂糖七百万斤ノ内百万斤至二永年一無二年限一御蔵元売支配被二仰付一、壱斤ニ付弐厘ツヽノ口銭被二成下一候条、為二後証一如レ件、

（『海老原清熙家記』）

と砂糖百万斤の販売取扱いと、一斤に付き二厘の口銭を保証された。まことに手回しの

よい御褒美である。この二厘を百万斤に掛けると三百三十余両となる。これがコミッションとして毎年しかも永年にわたって保証されたもので、牙儈出雲屋としてはまずは大成功というべきであろう。

こうして出雲屋とコンビを組んだ調所の改革が始まるわけであるが、この文政十二年斉興は帰国予定を取止めて滞府している。恐らく以前新納時升が説いていたように、節倹の意志を藩内一統及び大坂銀主たちにも示して、今度の改革が不退転の決意に基づくことを表明したものであろう。

もちろん参勤旅費に困ったことも事実で、翌文政十三年下国した斉興の出府費用を工面するため、「御参勤方御用御貸上銀被二仰付一候間、余勢有之もの□□(所中)身分之沙汰ニ不レ及取しらべ、名書差出候様」(『守屋舎人日帳』文政十三年五月五日)と、士庶を問わず貸上銀を命ずるので人選せよと命じている。この命令を肝属(きもつき)郡高山(こうやま)郷の役人に伝えたのは趣法講掛作事奉行であったが、趣法講というのはこの年始めた一種の藩営模合(もあい)(頼母子)で、領民に強引に加入させている。また二丸御続料掛では模合出銀を賦課しており、元来庶民金融方式である模合まで藩財政補塡に利用している(拙著『薩摩の模合と質屋』)。重豪も節倹に意を用い、調所が「御側ニ金ナキ日御用部屋ヨリ差出セハ必ス堅ク御返シアリ、何レモ御用ナレハ御返シニハ及フマシト申シ上テモ、イヤイヤ金ト云モノハ猥リニスルモノニ非スト仰セラレシ」という（『海老原清熙紀事鈔』）。

二　調所の改革

三島方

文政十一年十一月の朱印書により新組銀主も決まり、ここに調所の財政改革が発足した。殊にその際積極的増収対策として、砂糖惣買入れを行ないその専売制を強化することが決まり、その手はずとして、まず担当部局三島方を設け、天保元年には宮之原源之丞らを大島に派遣して、奄美大島・徳之島・喜界島三島砂糖の惣買入れ実施に着手した。

万古不易の備え—三条件

当面の危機を乗切る目算はついた。しかしなおこれまでたまった膨大な藩債をかかえており、この整理はもちろん、より以上の増収策を考えなくては、今後のいっそう積極的な藩政の推進は望めない。こうしていよいよ「万古不易の備え」をたてる対策がたてられ、同年十二月さらに調所に次のような重豪の朱印書が渡された。

一、金五拾万両

右来卯年（天保二）より来る子年（天保十一）迄相備え候事

一、金納并非常手当別段これ有りたき事

一、古借証文取返し候事

右三ヶ条　申付け候事

年来改革幾度も申付け置き候得共其詮(せん)これ無く候処、此度趣意通り行届き満足の至りに候。就いては何(いず)れ万古不得の備えこれ無く候わでは実々改革とは申難く、仍って来卯年より来る子年迄十ヶ年の間格別精勤せしめ、申付け置き候三ヶ条の極(ごく)内用向浜村孫兵衛へも申談じ、右年限中成就致すべき事、右大業申付け候上は、為筋(ためすじ)の儀は勿論何篇差置かず家老中へ申聞け、時々滞りなく其方存慮通り取計らい致すべく、尤も大坂表の儀は往返致し候ては延引に及び候に付き、取計らい置き追って申出ずべく候。此旨豊後守（斉興）へも申談じ急度(きっと)申付け候条異議これ有る間敷、仍って件(くだん)の如し。

天保元年寅十二月　（米翁朱印）

調所笑左衛門へ

（『調所広郷履歴』）

すなわち⑴翌天保二年以後の十年間に五十万両の備蓄金を準備せよ、⑵市来四郎によると第二条の金納とは「一名御手伝金とも唱う」とあり、非常手当は「軍用金」とあるが(『石室秘稿』)、幕府御手伝金や藩軍用金を⑴以外に手当てせよ、⑶そしていよいよ本命の五百万両の藩債証文を取返せという、たいへんな命令である。これに対して調所は御請証(うけしょう)を差出すが、まず、

調所、請証を出す

一、金五拾万両

右来卯年より来る子年迄十ヶ年に御積金相備え候様仕るべく候事。

但し年の豊凶に依ては、年々御積金多少は御座有るべく候得共、十ヶ年目には都合仕るべく候。

一、御金納并非常御手当も、成丈ケ右外にて繰合せ候様仕るべく候事。

一、古借証文の儀は追々取返し候様手段仕るべく候事。

但し銀主共存慮に寄り応対出来兼ね候分は是非に及ばず、併し夫々渡し方相整え御差支えこれ無き様の儀と存じ奉り候。

とし、このような重大な任務しかも莫大な積立金の御用命など容易におうけできないの

ですが、わざわざ御朱印状をもって私如きものに御下命になったについては、身に余る光栄と在じます。以後浜村孫兵衛とも相談して努力しますと引受けて、最後に、

但し右大業仰付けられ候に付ては、以来年分の御入価相増し申さざる様、猶是迄追々仰せ出し置かれ候御減少筋は申すに及ばず、御産物御繰登せ品等連々相増し候様、諸向一統心頭に掛け取扱い致すべき旨、分けて仰せ渡されたく存じ奉り候。右は厚き思召しを以て仰せ付けさせられ、格別成る極密御内用の御趣意汲受け畏み奉り候。仍って御請証件の如し。

と請証を出した。さすがの調所も無条件にお引受けしますとは言えなかった。五十万両の備蓄金は年の豊凶で多い少ないがあろうが、十年目の最後をみてくれといい、第二条も成るだけ努力するとした。厄介な借用証文の取返しも「応対出来兼ね候分は是非に及ばず」と断わり、ともかく藩財政の運用に差支えないようにするとした。「渡し方相整え」と年々多少でも返済することを考えていた。しかも最後の但し書で、年々の出費増を抑えること、それも経費節約はもちろん国産品等の販売増加をはかるよう、藩内一統心がけるよう特に申渡してくれるよう念をおしている。かつて新納時升が口をすっぱく

佐藤信淵

して献言したこととも関連のあることで、一介の側役がいくら張切っても藩内一統、中でも高級役人がそっぽを向いていたのでは、結局一人相撲になって失敗するのが落ちだということを、これまでの経験で知悉していたからである。

この天保元年三月には、農政学者佐藤信淵（のぶひろ）が薩摩藩家老猪飼央の依頼で書いた『薩藩経緯記』を提出したが、その中で信淵は、薩摩は物産豊かな国である。通貨合璧（ごうへき）法なるものを行なえば、十年の間には五十万両の積金を得られるといっている。調所の同名の孫笑左衛門によると、改革遂行を十年間としたのは調所からつけた条件だというが（「調所広郷君事歴」『史談会速記録』第二八五輯）、五十万両備蓄金を命ずるヒントは信淵の説だったのではないか。信淵の言によれば、彼は天明六年と文化二年の二回入薩したといい、『薩藩経緯記』の中で詳細に物産開発の法を説いているが、これは後年調所の行なう農政改革等にも参考にされたものであろう。

調所は天保二年大番頭、翌三年二月大目付格、同年十一月家老格側詰に進み、以来嘉永元年の死に至るまで「昼夜差はまって」改革に努力した。それが軌道に乗りはじめたことをみた重豪は、調所の注文にもあった「諸向一統」への仰渡しを直接鹿児島に帰っ

調所を眼代として国元へ

て行ない、大坂での金繰りをも直接指揮したいと考えた。しかし既に八十八歳の高齢であり、かねて御台所から旅行を堅く差留められていたので、これを思いとどまり、調所を「三位様御眼代」として派遣し、国元その他の様子をよくみて言上せよと命じた。調所を大目付格に進めた天保三年二月二十五日のことである（『顚末書』『調所広郷履歴』）。重豪のなみなみならぬ決意のほどを示す。

これからみると、新納時升がある時家老町田久視と話した時、町田が「お前たちは時機に応じて周旋し、ここ三、五年を支えることができれば、そのうち必ず大改革をやれるのだ」といったが、町田のいう三、五年とは、あたかも重豪の死を待っている如く聞こえたといって憤慨していることや、側近が重豪に真実を告げず、その日暮らしをしているのが財政の悪化を招いているといっていること等が、必ずしも新納のひとりよがりだとも思えない。特に本格的に責任をもって財政に取組む者がいなかった。ただその任期中なり当面を糊塗すればよいという体制が、破局を迎えたというのは真実であろう。その点調所は重豪の朱印書をもらって約二十年間にわたって、財政専門に取組んだ。方法は三島砂糖の専売制をはじめ、諸国産の増産対策、さらには密貿易等あらゆる手段を

調所、家老に

講じたし、天保六－七年には三都及び鹿児島の藩債二百五十年賦償還法を実行した。こうして天保元年朱印書で命ぜられた三条件を遂行し、藩財政の改革をやり遂げた。しかしその間天保四年正月重豪は死んだ。その後斉興も同様に調所に朱印書を与えて改革を続行させ、同年家老加判、同九年家老に進めた。こうして、

> 天保九年頃迄は江戸京大坂藩邸内の廃事皆修められたり。其費巨額なりしを以て、余事に及ぶに遑あらさりしかとも、天保十年に至て米積船三隻を重富にて製造せられ、益々国産を改良し、亦新に開けたるもあり。同十二年菱刈七ヶ郷を済ふ為に曽木の川水を疎通し、同十三年より農政改正、弘化元年に至り良や緒につき、亦軍政の更革も（『顛末書』）

行なった。その間調所は、江戸に着くと三日にあけず重豪の霊前に参詣して、一時間ばかりも私語していた。これはおれが死んでも今日話しているように、改革の様子を話せといった重豪の命令を重んじて、「御国元より、京坂江戸の事残らず申すこととなり」という。こうして重豪に続いて斉興の信任を得た調所は、いっさいの毀誉を一身にひきうけて改革を成就し、重豪死後十五年嘉永元年十二月江戸で死んだ。

第十三　その死と恵まれた子女

一　天寿を全うする

重豪は文政三年藩政後見をやめたが、その後の大御隠居様時代、財政問題以外最も注目すべきは、文政九年のシーボルトとの会見であるが、これについては前に記した。その前年文政八年八十一歳の時病気をしたらしく、十二月十五日床揚祝をし、翌年二月二十二日快気祝をしている。その十一日後シーボルトの出府があって、重豪はこれを大森に出迎えるのである。その翌年十月高輪邸内に聚珍宝庫を造ったことも前述した。その後死の前年天保三年茶室福寿亭を造るが、書籍出版は二十四年間の大御隠居様時代を通じてあまり行なわれていない。わずかに文化九年『南山俗語考』、天保元年『鳥名便覧』を出版したくらいである。文化元年百巻中三十巻を出版した『成形図説』は、ついにその後の出版はないままであった。恐らくたびたびの火災で原稿が焼失するという不運に出会ったこととともに、あるいは財政上の理由もあったのではあるまいか。

従三位昇叙

重豪は八十七歳になった天保二年正月十九日従三位に叙せられ、以後三位様と称することになった。『追録』は「慈眼公従三位たるより以来、吾が先君是の位に昇る者無し」と述べているが、慈眼公とは近世薩摩藩主としての初代家久のことで、従三位に昇った者は島津家では家久以来二人目のことであった。

薩摩藩主家督・死亡年齢一覧

藩主名	死亡年齢	家督年齢	隠居年齢
家　久	63歳	27歳	—
光　久	79	23	72歳
綱　貴	55	38	—
吉　貴	73	30	47
継　豊	60	21	46
宗　信	22	19	—
重　年	27	21	—
重　豪	89	11	43
斉　宣	69	15	37
斉　興	69	19	61
斉　彬	50	43	—
忠　義	58	19	—

重豪の長命

これはもちろん娘茂姫が将軍御台所であったことが大きな理由であろうが、重豪がこれだけの長命をたもったということも考えなければなるまい。

右表のように、近世薩摩藩主十二人のなかで、八十歳代は重豪ただ一人で、それも九十歳に手のとどくほどの長命であった。これは鎌倉時代以来の島津家当主三十人の中でも二番目の長寿者であった。五代貞久が九十五歳、十八代義弘が八十五歳と八十歳以上がほかに二人おり、とりわけ貞久は九十五歳という驚くべき長寿をたもったが、重豪は貞久に次ぐ者であった。

重豪は従三位に叙せられた年の翌年、八十八歳を迎え、三月十五日米寿の祝いをするが、その直前十一日に完成した茶室福寿亭は、従三位昇進とともに長寿を祝う意味があった。その年侍医曾槃は、重豪の業績をたたえ、その業績を記した『仰望節録』を書き著わした。その中で特に「強記」の一項を設けて、次のように記している。

> 天保三年壬辰十二月二十六日立春、公今茲御齢八十有九にして、強記或は壮年の人に勝れり。詩歌及び諸公よりの消息文を読玉うに眼鏡を用いたまう事なし。これ五内健実のしるし顕玉う。公子且侍従の士女常に仰て拝しける所なり。

文中八十有九とあるのは立春だからということであろうが、かつてシーボルトが八十二歳の重豪を評して、どうしても六十五歳以上とは見受けられないとした若さをたもっていたのであろう。八十八歳の今日でも詩歌や諸公よりの書簡を読むのに、眼鏡を用いないという。もちろん次に述べる如く、この年の夏から頻尿症にかかっていたようだが、まずは五体健実だったのであろう。

そういう健康の秘訣について重豪は『鳥名便覧』の序文で、世事によくよくしないことだと語っている。そうはいっても、藩財政の窮迫は隠居だといって傍観することのできない「世事」で、重豪も一大決心のもと側用人調所広郷を強引にひっぱり出して、手荒い方法により財政改革を行なわせた。老齢の重豪も、その長命ゆえにそういう最も鬱陶しい「世事」にまきこまれていったのである。

老病大漸

死去

調所を登用することによって、重豪晩年の最大の難問であった藩財政の改革もレールに乗った。そうした安心からか、重豪は天保三年夏ごろから「小遺（小便）頻数日を追いて止まず」、初冬から官医杉本宗春院の薬を服用するようになった。しかしなかなかその効能があらわれず、十二月中旬から「舌頭乾燥、寝食常ならず」、明けて天保四年（一八三三）正月五日、官医野間広春院の応診を受け治療をうけた。「然るに験なく老病大漸」、八日には斉宣も白金邸から高輪邸に移って看病につとめ、斉興・黒田斉溥・池田斉敏（斉興男）らも日ごとに高輪邸に詰めて看病につとめたが、「禱禳服薬終に其の験なく」、正月十五日寅刻（午前四時）高輪邸大奥寝所で薨じた（『追録』）。まさに大往生と称すべきであろう。時に八十九歳、大信院殿栄翁如証大居士と諡した。

『重豪公年譜』によると、実際の死亡は正月十五日であるが、幕府への表向きの届出及び藩内への発表は、二月三日卯刻（午前六時）死亡とし、その後正月二十日を忌日と定めたという。

福昌寺へ葬る

前述の如く、かつて重豪は家老川上久芳と側用人伊集院隼衛に死後は江戸瑞聖寺に葬れと命じたが、これを後悔して病勢のあらたまった時、斉興をよんで鹿児島にある祖先の廟所福昌寺に葬れと遺言した。こうして二月十日その遺骸は江戸を発して、四月五日鹿児島福昌寺に着き、八日葬儀が行なわれた。その後六月十五日御台所は「護国権現」という神号を自ら書いて掛軸にし、斉興に届けた。斉興は翌天保五年六月高輪邸福寿亭に神殿を造って重豪を祀り、護国権現と称した（『追録』）。さらにその五年後同十年八月福昌寺の重豪墓前に、大信公神道碑を建立して重豪頌徳のしるしとした（『鹿児島市史』Ⅲ）。

重豪の博愛

重豪の隠居時代三十余年間記室として仕えた曾槃は、その三十余年間を回顧して、

老若侍臣の仕ふるを見るに、多能の人は　公の時をりくに好ませ玉ふ游芸をはやく学ひえて、下風に従ひ御気色をえんとするものおほし、或は除目世事あるひは志業良否、或は古玩鑑識あるひは游戯浮談をもて慰め奉るもあり、また或は直実不言

重豪神道碑（福昌寺墓地）

あるひは無事不能にして仕ふるもあり、そのおなじからざること面のことし、公の諸臣へ恤（あはれみ）をたれ玉ふこと甲乙一般にして比年かはることなし、（『仰望節録』）

と記し、自分も「三十余年間恩遇を蒙ること始終かはらず、君恩天とひとし、是其博愛の深くして且渝（かはら）ざること仰（あふぎ）てしるべし」と博愛の精神に満ちた主君であったとし、「賢哲の語に博愛これを仁といふ」とたたえている。

二　子女繁栄

生まれ落ちるとすぐ母を喪い、ついで十一歳で父に死別、さらに夫人とも早く死に別れた重豪は、長命故に子女には恵まれた。『重豪公年譜』その他によれば、子女総数二十七名となるが、このうち養子が四名いるので、実子は男子十二名、女子十一名計二十三名となる。しかし大信公神道碑によると、男子十三名、女子十一名とあり、男子が一名食い違う。これは恐らく第十一子に当る忠厚が、実際は加治木領主島津久徴の子であるのを、天明七年六月「令二国中一為二己所一生」(『近秘野草』『重豪公年譜』)すなわち自分の実子だと国中に発表し、同年七月幕府に三男として届けていることから(同上)、神道碑はこの忠厚を含めて男子十三名としたものに違いない。忠厚のほかに養女が三人いるが、これはいずれも「養為二己子一」とあって忠厚と明らかに違うことからも、その点は納得されよう。養女三人のうち明姫は忠厚と同じく島津久徴の子、もう一人の立姫は忠厚その人の子で、忠厚を含めて三人がすべて加治木家に関係があるということは、重豪が自分の生家加治木家を引立てようとした意図の表われとみられる。

子女半数は夭折

実子二十三人のうち、十二人はほとんど三-四歳(二人が七-八歳)までのうちに夭折しており、成人したものは残りの十一人である。次の藩主斉宣の子女も二十八人中十五人が夭折しており、このころの幼児死亡率の高さがうかがえる。

第一子悟姫は前夫人保姫の子であるが、この悟姫も生後九カ月余で死亡している。その他の二十二人の子どもは、側室九人の生むところである。ただしこの九人というのは実母のことで、たとえば後の奥平昌高について、

天明元年辛丑十一月四日生二于芝邸一、母市田氏実鈴木弥藤次藤賢女

と、母は市田氏ということになっているが、実際は鈴木弥藤次藤賢の娘だとある場合の、実母鈴木氏を一人と数えてのことである。その九人のうち特に注目に値するのは、広大院夫人の母於登勢（おとせ）と斉宣の母於千万の二人である。

於登勢

於登勢はもと大坂屋敷の足軽市田喜内貞行の娘で、市田氏の祖先は江州の人といい（『斉興公史料』）、貞行はその後城下士に取立てられた（『君家累世御城代御家老記』）。しかも貞行の子勘解由盛常（貞央・貞英・教国・出雲）について「市田喜内貞行之子也」（『国老用人記』）というが、貞行の養子とする説もある（『薩藩政要録』）。盛常は重豪隠居の直前天明六年末家老に任ぜられ、遂には家格一所持となり、のち近思録くずれで免職になったことは前述の通りである。さらにその子長門義宜も斉興時代文政二年家老となり、同六年罷免されたが重豪の死後再任され、義宜の娘は重豪の子忠厚の側室になる。このような市田一族の繁栄は、於登勢が側室であったことが原因であろう。

市田一族の繁栄

於登勢は女子四人を生んでいるが、このうち二人は夭折した。そのほか、敬姫につい て重豪は中津藩奥平昌男の許嫁にしたが、結納にも至らないうちに昌男が死去したので その縁談は実現せず、敬姫自身も十九歳で死去した。また篤姫は前述の如く、浄岸院の 遺言で一橋豊千代と縁組をし名を茂姫と改めた。安永五年七月十七日幕府は重豪を招い て次のように達した。

浄岸院様仰せ置かれ候訳もこれ有り候に付、其方娘徳川豊千代へ縁組仰せ出され候。浄岸院様御在世にて御世話成され遣わされ候心得に、取扱い申さるべく候。(『追録』)

すなわち浄岸院が生きていて世話をするような気持で取扱えというのである。その時 茂姫から将軍家へお礼の献上品を持参した使者は、前述の市田勘解由盛常すなわち茂姫 の叔父であり、盛常は時に納殿(なんど)役人であった。

この縁談成立の結果、母於登勢は八月二十二日御内証様と称し、御前様に準ずるよう にと達せられた(『藩法集』8上)。後夫人綾姫も既に亡い当時、側室於登勢が夫人同様の 取扱いを受けることになったのである。ところがその後寛政元年二月茂姫は正式に将軍 御台所となった。当時既に重豪は隠居し斉宣が藩主の座にあった。そこで同年八月於登

御部屋様と御内証様 於千万

勢は御部屋様と称し、同時に斉宣の母於千万を御内証様と呼ぶことになった。於千万は前述の如く堤前中納言代長の娘で浄岸院に仕えていたのを、浄岸院の死後重豪の寵を得て、斉宣及び男女各一人計三人の子を生んだ。斉宣以外は夭折したが、一人残った斉宣が藩主となって御内証様と呼ばれることになった。その後於登勢が享和元年死去して高輪邸が寂しくなったため、於千万は文化四年十月出府して重豪と同居することになった。

女子はすべて大名家に嫁ぐ

重豪子女嫁入り先（敬姫・篤姫除く，養は養女）

明姫(養)	佐土原藩主島津忠持夫人	2.7万石
孝　姫	桑名藩主松平定和夫人	11.0万石
種(しな)　姫	大垣藩主戸田氏正夫人	10.0万石
定　姫	大和郡山藩主柳沢保興夫人	15.0万石
貢　姫	出羽新庄藩主戸沢正令(まさよし)夫人	6.8万石
立姫(養)	上総鶴巻藩主水野忠実(ただみつ)夫人	1.5万石
寿(ほき)姫(養)	三河挙母藩主内藤政優夫人	2.0万石

重豪の子女二十七人のうち十二人は夭折したので、他の十五人についてみると、まず女子九人中前述の敬姫と篤姫以外の七人の身の振り方は上表の通りである。いずれも大名家に嫁いでいる。このうち三人の養女の嫁ぎ先は二万石前後の小大名である。それでも明姫の婚家先佐土原氏は薩摩藩の支藩で、島津一族であった。また桑名松平定和は老中を勤めた定信の孫である。

奥平昌高

男子ではまず嫡子斉宣が重豪の後継藩主となり、ついで次男昌高(まさたか)は豊前中津藩主奥平昌男の養子となってなかなかの治績をあげた。二女敬姫と昌男との縁談が、昌男の死によって破れた直後、昌高が奥平家にはいったものである。昌高は父の感化を受けて蘭学に造詣が深く、シーボルトとの関係は前述の通りである。また『解体新書』成立上の実際的中心人物前野良沢を庇護して、その学問を大成させたり、蘭日辞書『中津ハルマ』には自作のオランダ文の序文を与えるなど、中津藩蘭学興隆の推進力であった。

第四男忠厚（雄五郎）は、島津氏一族の今和泉領主島津忠温の後嗣となり、第七男久昵（諸之丞・左近）は文化元年越前丸岡藩主有馬誉純の嗣子となったが、病気のため文政二年有馬家を去り、天保五年死んだ。

黒田斉溥

次男昌高と並んで蘭癖大名といわれた人に第十二男斉溥（長溥）がいる。文政五年筑前福岡藩主黒田斉清の嗣子となったのであるが、その母谷氏について次のような話がある。重豪がある日家臣の大久保家の酒宴に臨んだ時、酒量で重豪の相手になる人物がいなかった。そこで手伝いに来ていた谷千代子が酒席に呼び寄せられた。千代子は幕臣松平藤十郎の家臣谷周右衛門の娘で、容貌魁偉悪びれるところのない気風のよさを見込まれ、これは豪傑を生む素質ありとして重豪の寵を得たのだという（檜垣元吉「福岡藩」『物語藩史』

8）。確かにその見込み通り斉溥はすぐれた人物で、幕末維新期の福岡藩主として活躍し、特に薩摩藩にとっては、お由良騒動で斉彬の襲封が危機に頻している時、斉溥が幕閣阿部正弘らとの間を奔走し、斉彬襲封を実現して危機を救った。また蘭学に興味を持ちシーボルトとも親しく、川本幸民らの蘭学者を庇護してその活躍を助け、重豪の名をはずかしめない大名であった。

南部信順

第十三男信順（のぶゆき）（久命）は八戸藩（盛岡藩支族）主南部信真の嗣子となり、このように重豪の子女はいずれも大名家と縁組みをし、これが財政膨張の一因とされるが、それぞれすぐれた働きをした。

重豪死去の時、孫三十四人（男十五人、女十九人）・曾孫十九人（男十二人、女七人）、計五十三人いたという。神道碑は「嗚乎亦盛矣」と感嘆しているが、その賑やかさは青少年時代の薄幸を補って余りあるものといえよう。

第十四　偉大なる遺産

斉彬、一橋英姫と婚礼

重豪がシーボルトと会見した直後の文政九年十一月、曾孫斉彬(なりあきら)は一橋斉敦の長女英姫と婚礼の式を挙げた。一橋家は重豪先夫人保姫の実家であり、斉敦は将軍家斉の弟である。この縁談は斉彬四歳の時（文化九年）婚約が整っていた。恐らく家斉の実父治済(はるさだ)と重豪との間でとりきめられていたものであろう。斉彬らの挙式後七年目に重豪は死去するが、当時斉彬は堂々たる二十五歳の青年であった。それまでの二十五年間重豪の感化を

斉彬と蘭学

受けて、蘭学の吸収に努めていた斉彬二十一歳の時のこととして、「公儀其外ニテ申候ハ、兵庫頭殿（斉彬）ニハ大大名ニハヲシキ人ニテ候、アレヲ小身ノ大名ニシテ御老中ニナシ、天下ノ国政ヲツカサトラセ申度事ナリ」（山口不及「覚之為書留置」）といわれるほど聡明の聞えが高かった。その後斉彬は緒方洪庵・渡辺崋山・高野長英その他一流の蘭学者を重用して洋書の翻訳を依頼したり、ヨーロッパの事情を聞いたりした。恐らく重豪在世中からその紹介等もあって交際を始めた向きも多かったと思われる。寺島宗則の伝えるとこ

ろでは、重豪死後二－三年目斉彬二十七－八歳のころ、蘭学者宇田川榕庵にヨーロッパの育児所のことを調査させていたといい、蘭学者聘用の早かったことを示している。

島津斉彬像
（尚古集成館蔵）

しかしその襲封にはお由良騒動の洗礼を受けなければならなかった。お由良とは藩主斉興の側室岡田由良（由羅・遊羅）のことである。当時斉興の嫡子で世子の届もすんでいる斉彬の襲封に反対し、その弟で由良の生んだ久光を藩主にしようという一派があって、家督後継をめぐる争いを生じた。家老調所広郷を初めとする藩の要路は斉彬の襲封に反対で、岡田由良と結んで斉彬の非を斉興に告げ、むしろ久光を後継藩主にとすすめたという。調所らが斉彬の藩主就任を忌避した最大の理由は、斉彬の洋学趣味がかつての重豪そっくりで、これではようやく立直りかけた藩財政が再び危機に陥るというにあった（葛城修一『葛城彦一伝』、池田俊彦『島津斉彬伝』）。しかし調所自身嘉永元年十二月急死した。密貿易の件が幕府に露見したことの責任を負っての自殺というが、その背後にはお由良派の巨頭を葬ろうとする陰謀存在のにおいもする。

斉彬襲封実現

一方四十歳を迎えても斉彬が襲封できず、むしろ久光擁立の流言さえ飛ぶという状況に業を煮やした町奉行兼物頭近藤隆左衛門らは、調所亡きあとのお由良派の藩要路を除くことを考えた。しかしこれが漏れて近藤らは嘉永二年末から翌年にかけて、切腹・遠島その他次々に処分された。嘉永朋党事件で「お由良騒動」とも呼ぶ。斉彬派の完敗であったが、薩摩藩の内紛を憂えた斉彬の大叔父黒田斉溥らの奔走で、ついに嘉永四年二月斉彬の藩主就任が実現した。斉彬は在位わずか七年余で死去するが、その間これまで蓄積した洋学知識を発揮し尽して、集成館事業をはじめとする積極的開化政策を展開し、薩摩藩の開明化をはかって幕末日本の動向に重大な影響を与えることになった。このことを思う時、重豪の蘭癖は偉大なる遺産として曾孫斉彬に正しくうけつがれ、幕末日本の激動期にみごと開花して、近代日本の夜明けに大きく寄与したものというべきであろう。

島津氏略系図

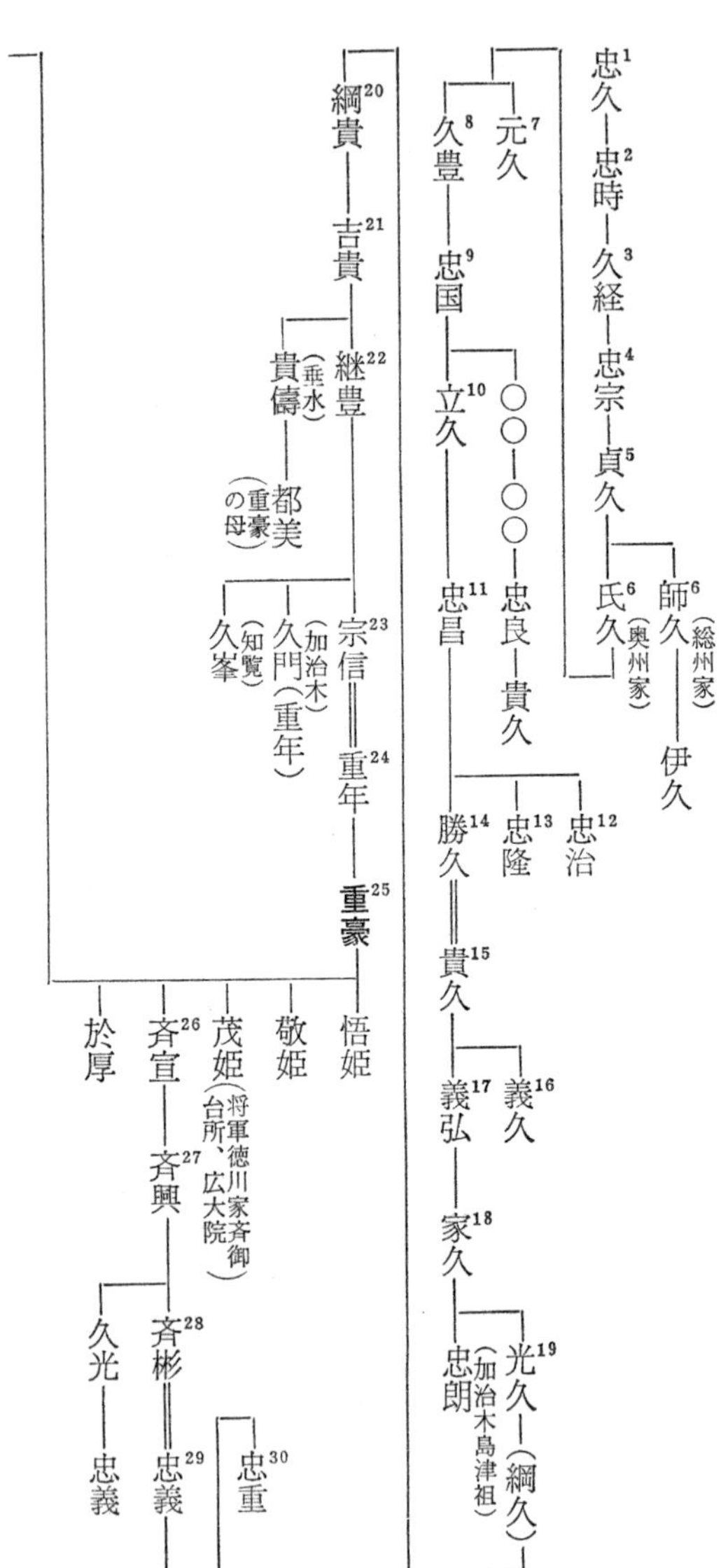

忠久 1
忠時 2
久経 3
忠宗 4
貞久 5
師久 6（総州家）
伊久
氏久 6（奥州家）
元久 7
久豊 8
忠国 9
立久 10
○
○
○
忠良
貴久
忠昌 11
忠治 12
忠隆 13
勝久 14
貴久 15
義久 16
義弘 17
家久 18
光久 19
（綱久）
忠朗（加治木島津祖）
綱貴 20
吉貴 21
継豊 22
貴儔（垂水）
都美（重豪の母）
宗信 23
久門（加治木）（重年）
久峯（知覧）
重年 24
重豪 25
悟姫
敬姫
茂姫（将軍徳川家斉御台所、広大院）
斉宣 26
於厚
斉興 27
斉彬 28
久光
忠義 29
忠義
忠重 30

於克

牧姫

明姫（養女、佐土原藩主島津忠持夫人）

昌高（中津藩主奥平昌男養子）

男子

忠厚（実島津久徴男、今和泉領主島津忠温後嗣）

亀五郎

感之助

久昵（久亮・左近）

為次郎

乗之助

蓬之進

豹治郎

富姫

孝姫（桑名藩主松平定和夫人）

斉溥（福岡藩主黒田斉清養子）

久命（信順、八戸藩主南部信真養子）

種姫（大垣藩主戸田氏正夫人）

定姫（郡山藩主松平保興夫人）

貢姫（新庄藩主戸沢正令夫人）

立姫（養女、鶴牧藩主水野忠実夫人）

寿姫（養女、挙母藩主内藤政優夫人）

略年譜

(注) 年齢は数え年、事蹟欄( )内は参勤交代発着の月日。

年次	西暦	年齢	事蹟	関係事項
延享二	一七四五		十一月七日、加治木領主島津重年の長男として、鹿児島城下加治木島津邸に生れる、幼名善次郎○同日母都美没する(年一九)	二月、江戸高輪藩邸火災○十一月、徳川家重将軍となる
三	一七四六	二		十一月、祖父継豊隠居し、伯父宗信藩主となる
寛延二	一七四九	五	十二月四日、加治木島津家を継ぐ	四月、継豊鹿児島に隠退○七月、宗信没する○十一月十日、父重年藩主となる
三	一七五〇	六		十二月、皆吉続安らの実学党を処分する
宝暦三	一七五三	九	十二月十五日、元服(中剃)して兵庫久方と称する	十二月、幕府木曾川治水工事手伝いを薩摩藩に命ずる
四	一七五四	一〇	五月十一日、父重年とともに鹿児島を発し、途中木曾川治水工事を検分して、七月二十二日江戸に着く○七月、善次郎と改名○八月四日、宗家島津家世子の届を出す、同日松	二月、木曾川治水工事に着手する○この年幕府は貞享暦を廃止し、宝暦甲戌暦を用いる

			平又三郎忠洪と改名する	
五	一七五五	一一	六月十六日、父重年没する(年二七)○七月二十七日、家督を継ぎ藩主となり、祖父継豊がこれを後見する	三月、木曾川治水工事完了する○五月、治水工事総奉行平田正輔自刃する（年五二）○この年徳之島飢饉
八	一七五八	一四	四月十九日、初めて江戸城に登りお目見をうける○六月十三日、江戸城にて元服、名を重豪と改め薩摩守を称し従四位下左近衛少将に叙任される	七月、宝暦事件おこる
九	一七五九	一五	十一月十四日、徳川宗尹娘保姫と縁組みをする	五月、竹内式部追放される
一〇	一七六〇	一六		九月二十日、継豊没する（年六〇）、以後竹姫は浄岸院と称する○九月、徳川家治将軍となる
一一	一七六一	一七	初入部を行なう（四月二十三日江戸発、六月二十三日鹿児島着）	
一二	一七六二	一八	二月四日、鹿児島発、芝邸類焼のため三月七日鹿児島に引返す○十二月四日、保姫と婚礼の式をあげる（五・六鹿発、七・一八江着）	二月、江戸芝藩邸・御守殿ともに類焼し、幕府から二万両の貸付けをうける
一三	一七六三	一九	七月、財政困難につき在府人数・供回りの減員をきめる（四・二八江発、六・二一鹿着）	
明和元	一七六四	二〇	十一月十三日、従四位上左近衛権中将に叙任される○南山	

年号	西暦	年齢	事項	一般事項
明和二	一七六五	二一	と号す（三・二三鹿発、五・一三江着） 帰国の途中京都・宇治に微行○十一月二十七日、串木野郷羽島に唐船をみる（五・四江発、六・二二鹿着）	六月、幕府は天文台建設助手として水間良実を召し安永元年帰藩させる
三	一七六六	二二	参勤の途中布引滝を見、京都・宇治へ微行（一・二三鹿発、三・一九江着）	
四	一七六七	二三	四月、四書五経等一百冊を購入する○十一月、『南山俗語考』の編集に着手する（四・二一江発、六・六鹿着）	七月、田沼意次側用人となる○明和事件おこる（山県大弐ら処分）
五	一七六八	二四	四月、七年間の厳重倹約を達する。千字文・唐詩選等図書を購入する○十二月、吾平山陵の神殿を修造する（二・六鹿発、三・二九江着）	
六	一七六九	二五	六月、郡山遜志らに『君道』を編集させ、また同年『島津世家』の編集を命ずる○九月二十六日、夫人保姫没する（八・二五江発、一〇・一五鹿着）	
七	一七七〇	二六	参勤の途上京都に微行○六月二十一日、前権大納言甘露寺規長娘綾姫と再婚する（一・二七鹿発、三・晦日江着）	
八	一七七一	二七	七月、帰国の途中長崎に立寄る○十一月、家中役人の軽重差別の薄いことを戒める（五・二八江発、八・一八鹿着）	三月、前野良沢ら千住小塚原で死刑囚の解剖をみる○八月、田村藍水『琉球産物志』一五巻を

年号	西暦	年齢	事項	一般事項
安永元	一七七二	二八	正月、家中の容貌・言語の粗野を戒め風俗の矯正を命ずる○三月、福昌寺竜門橋を創建する○六月、商人招致のため居付き・縁組み勝手次第と達する（一・二五鹿発、三・二五江着）	著わす 正月、田沼意次老中となる○二月、江戸桜田藩邸類焼○十二月五日、浄岸院没する（年六八）
二	一七七三	二九	五月、繁栄筋を達する○八月、聖堂（造士館）落成し初めて釈菜の式を行なう○武芸稽古場（演武館）完成し、医学院創建に着手する○『成形実録』の編集に着手する○阿野道恕を田村藍水に、村田丈左衛門らを小野蘭山に入門させる（閏三・一五江発、四・二五鹿着）	十二月六日、斉宣生れる
三	一七七四	三〇	二月、医学院完成する○十二月、明年以降再度の七年間倹約を達する（二・一八鹿発、四・一江着）	八月、鹿児島大火、『解体新書』刊行される
四	一七七五	三一	十月二十六日、後夫人綾姫没する○十一月十三日、犬追物を見る（四・二一江発、六・四鹿着）	七月、江戸高輪藩邸火災○九月、亀井南冥入薩
五	一七七六	三二	七月、三女茂姫一橋豊千代（家斉）と縁組みする（四・二一鹿発、六・五江着）	垂水に文行館が創設される
六	一七七七	三三	大島・徳之島・喜界島三島に砂糖総買入れを達する（四・二一江発、六・六鹿着）	
七	一七七八	三四	（一・二一鹿発、三・二江着）	種子島に大園学校、都城に稽古館が創設される

年号	西暦	年齢	事項	参考事項
安永八	一七七九	三五	十月、桜島噴火、明時館を創建する○吉野帯迫に薬園を設ける（五・一五江発、六・二八鹿着）	
九	一七八〇	三六	七月、外城衆中を郷士または外城郷士と改める○薬園署を設ける○桜島近くに新島が噴出する（一・九鹿発、二・一八江着）	
天明元	一七八一	三七	閏五月十九日、茂姫（九歳）一橋家にこし入れ○佐藤成裕を招いて領内を採薬させる（三年まで）（三・二八江発、五・一五鹿着）（六・二一鹿発、七・二七江着）	閏五月、一橋豊千代将軍世子となる○九月、江戸芝藩邸火災
二	一七八二	三八	オランダ通詞松村元綱を招く○倹約年限を七年間延長する	橘南谿入薩（三年まで）
三	一七八三	三九	八月、外城郷士の称をやめ専ら郷士と称する（八・二八江発、一〇・一三鹿着）	古河古松軒入薩○天明の大飢饉（三年―七年）
四	一七八四	四〇	四月、外城を郷と改める（一・一三鹿発、四・一江着）	加治木に毓英館が創設される
五	一七八五	四一	脚痛のため来年まで滞府を願う	
六	一七八六	四二	九月、聖堂を造士館、武芸稽古場を演武館と命名する○十月、側目付をおく○『質問本草』完成する	正月、江戸田町藩邸類焼○四月、江戸桜田藩邸火災○八月、田沼意次失脚
七	一七八七	四三	正月二十九日、隠居して斉宣襲封し、重豪は引続き藩政を後見する○正月三十日、上総介と改める（三・一五江発、六・三鹿着）（九・一鹿発、一〇・二七江着）	四月、徳川家斉将軍となる○六月、松平定信老中となる
八	一七八八	四四	九月、幕府より金二〇万両の上納を命ぜられる	正月、京都大火、皇居・二条城

年号	西暦	年齢	事項	一般事項
寛政元	一七八九	四五	二月四日、茂姫と将軍家斉との婚礼が行なわれる	及び薩摩藩邸類焼する 斉宣初入部（二・二九江発、六・二〇鹿着）
三	一七九一	四七	藩政後見をやめ名目だけ残す〇六月、二の丸完成する	十一月六日、斉興生れる
四	一七九二	四八	六月、藩政後見の名目も廃止する〇九月、曾槃を記室とする（九・一江発、一〇・二二鹿着）	白尾国柱『神代山陵考』を著わす〇高山彦九郎入薩〇佐藤成裕『薩州産物録』を作る
五	一七九三	四九	八月二日、演武館において犬追物をみる〇九月、曾槃らに『成形実録』の改撰を命ずる（九・一鹿発、一〇・一三江着）	
七	一七九五	五一	十二月、高輪茶屋を高輪御殿と称する	白尾国柱『麑藩名勝考』を著わす
八	一七九六	五二	三月十三日、芝から高輪御殿（蓬山館）に移る	
九	一七九七	五三	山本正誼に『島津世家』改撰を命ずる〇赤崎貞幹に『琉客談記』を作らす	英艦那覇に寄航する
一二	一八〇〇	五六	十一月十四日、総髪して名を栄翁と改め、御隠居様と呼ばせる	
享和二	一八〇二	五八	九月、蓬山館中に独楽園が完成する〇『島津国史』完成する	石塚崔高『円球万国地海全図』を作る
文化元	一八〇四	六〇	五月二日、剃髪する〇『成形図説』の一部三〇巻を刊行する	九月、レザノフ長崎に入る

年号	西暦	年齢	事項	関連事項
文化二	一八〇五	六一	十二月、黄檗派千眼寺を創建する	十二月、斉宣は『亀鶴問答』を著わして藩政改革の意を示す
三	一八〇六	六二	三月四日、泉岳寺大火で芝藩邸類焼し『成形図説』編集所焼失する	
四	一八〇七	六三		十一月、樺山主税家老となる○十二月秩父太郎家老となる
五	一八〇八	六四	四月、樺山主税・秩父太郎の家老職を免ずる（近思録くずれ）○六月二十六日、再び藩政を後見する	八月、フェートン号事件おこる
六	一八〇九	六五	六月十七日、斉宣隠居して斉興藩主となり、以後重豪を大御隠居様、斉宣を御隠居様とよぶ○六月十九日、幕府、重豪の藩政後見を許す	六月十八日、斉宣修理大夫と改める○九月二十八日、斉彬生れる
七	一八一〇	六六	九月、幕府より唐物八種の長崎販売許可をうる	五月、伊能忠敬領内測量に着手する
八	一八一一	六七	有馬温泉湯治を名目に下坂し、財政を指揮する（九・一五江発、一一・四江帰着）	斉興初入部（五・一江発、六・二七鹿着）
九	一八一二	六八	『南山俗語考』を出版する	
一〇	一八一三	六九	帰国の上藩政を指揮する（八・四江発、九・一四鹿着）（一〇・二一鹿発、一一・二八江着）	
一一	一八一四	七〇		六月十八日、斉宣白金邸に移る
一四	一八一七	七三		十二月、斉宣総髪し溪山と称す

年号	西暦	年齢	事項	参考事項
				る
文政元	一八一八	七四	四月、幕府唐物四種の追加販売を許す	九月、頼山陽入薩
二	一八一九	七五	六月七日、江戸城に登り、将軍家斉・嗣子家慶にお目見を許される	
三	一八二〇	七六	三月、唐物二種の追加販売を許される○八月十三日、藩政後見をやめる○九月、幕府重豪の治績を褒賞する	
七	一八二四	八〇	正月十五日、八〇歳の祝賀を行なう	
八	一八二五	八一	三月、唐物一〇種の追加販売を許される○十二月十五日、床揚げ祝いを行なう	二月六日、郁姫近衛忠熙と婚礼○二月、幕府異国船打払い令を出す
九	一八二六	八二	二月二十二日、快気祝い○三月、シーボルトと会見する	
一〇	一八二七	八三	十月、聚珍宝庫を創設する○冬、調所広郷に財政改革を命ずる	二月二十日、一橋治済没する
一一	一八二八	八四		高木善助入薩○十二月、シーボルト事件おこる
天保元	一八三〇	八六	『鳥名便覧』を出版する○大島・徳之島・喜界島三島砂糖の専売を強化する	
二	一八三一	八七	正月十九日、従三位に叙せられ以後三位様と称する	
三	一八三二	八八	三月、福寿亭茶屋落成する○米寿を祝う	五月十八日、斉興大隅守に、斉宣豊後守になる○曾槃『仰望節

				録』を著わす
天保四	一八三三	八九	正月十五日、高輪藩邸において没する、諡は大信院殿栄翁如証大居士○四月八日、鹿児島福昌寺に葬る	正月、斉宣白金邸より高輪邸に移る
一〇	一八三九		八月、斉興は福昌寺墓前に大信公神道碑を建立する	

主要参考文献

曾槃著『仰望節録、同附余』　天保三年
（東大史料編纂所所蔵、ただし鹿児島県維新史料編さん所影写本による。以下同じ。）
本書には堀田璋左右・川上多助編「日本偉人言行資料」24（大正六年、国史研究会発行）所収刊本がある。

伊地知季安著『近秘野草』（同右）
『重豪公年譜、附仰出』（同右）
『新編島津氏世録正統系図』（同右）
『旧記雑録追録』（巻五六・六〇・六五〜六八・七五・八〇・九一・九九・一〇二・一〇五〜一六一）（同右、ただし近年刊行の鹿児島県編「鹿児島県史料」所収）

新納時升著『東行録』（文政一一年、同右）
なお鹿児島県立図書館所蔵『時升翁文章輯録』にも収められている。

同著『九郎談』（嘉永三年、鹿児島県立図書館所蔵）
『島津正統系図』（鹿児島県立図書館所蔵）
『列朝制度』（都城市島津久厚氏所蔵）

本書には藩法研究会編「藩法集8鹿児島藩」(昭和四四年、創文社発行)の刊本があり、その成立については同書原口虎雄氏の解説に詳しい。

鹿児島県編『鹿児島県史』第二巻　昭和一五年

講話会編『薩藩史談集』　大正元年　求信堂

鹿児島市編『薩藩の文化』　昭和一〇年　鹿児島市教育会

原口虎雄著『幕末の薩摩』　昭和四一年　中央公論社

芳即正稿『島津重豪』(「大名列伝」5所収)　昭和四二年　人物往来社

基本的なものを掲げその他は文中に書名を掲げて注記したので省略した。

なお校正中に気付いたことであるが、四一ページの『唐通事平野氏文書』と、四五〜四六ページの『魏氏由緒書』は九州大学九州文化史研究施設所蔵の「古賀文庫」に収められているのではないかと思って調査したが、どちらもなかった。

著者略歴

大正四年生れ
昭和十三年東京帝国大学文学部国史学科卒業
鹿児島県立図書館長兼鹿児島県維新史料編さん所長、鹿児島県立短期大学教授・鹿児島純心女子短期大学教授を経て
現在　尚古集成館館長

主要著書
薩摩の模合と質屋　薩摩人とヨーロッパ　かごしまくるわ物語　調所広郷　島津斉彬

人物叢書　新装版

島津重豪

昭和五十五年十二月　十　日　第一版第一刷発行
昭和六十三年十一月　一　日　新装版第一刷発行
平成　七　年　七　月　十　日　新装版第二刷発行

著　者　芳即正（かんばし　のりまさ）
編集者　日本歴史学会
代表者　児玉幸多
発行者　吉川圭三

発行所　株式会社　吉川弘文館
東京都文京区本郷七丁目二番八号
郵便番号一一三
電話〇三―三八一三―九一五一〈代表〉
振替口座〇〇一〇〇―五―二四四
印刷＝平文社　製本＝ナショナル製本

『人物叢書』(新装版)刊行のことば

人物叢書は、個人が埋没された歴史書が盛行した時代に、「歴史を動かすものは人間である。個人の伝記が明らかにされないで、歴史の叙述は完全であり得ない」という信念のもとに、専門学者に執筆を依頼し、日本歴史学会が編集し、吉川弘文館が刊行した一大伝記集である。

幸いに読書界の支持を得て、百冊刊行の折には菊池寛賞を授けられる栄誉に浴した。

しかし発行以来すでに四半世紀を経過し、長期品切れ本が増加し、読書界の要望にそい得ない状態にもなったので、この際既刊本の体裁を一新して再編成し、定期的に配本できるような方策をとることにした。既刊本は一八四冊であるが、まだ未刊である重要人物の伝記についても鋭意刊行を進める方針であり、その体裁も新形式をとることとした。

こうして刊行当初の精神に思いを致し、人物叢書を蘇らせようとするのが、今回の企図である。大方のご支援を得ることができれば幸せである。

昭和六十年五月

日本歴史学会
代表者 坂本太郎

〈オンデマンド版〉
島津重豪

人物叢書　新装版

2020年（令和2）11月1日　発行

著　者　芳（かんばし）　即（のり）　正（まさ）
編集者　日本歴史学会
代表者　藤田　覚
発行者　吉川道郎
発行所　株式会社　吉川弘文館
〒113-0033　東京都文京区本郷7丁目2番8号
TEL　03-3813-9151〈代表〉
URL　http://www.yoshikawa-k.co.jp/
印刷・製本　大日本印刷株式会社

芳　即正（1915～2012）

ISBN978-4-642-75137-7